Ingrid Biermann
Spiele zur Wahrnehmungsförderung

Ingrid Biermann

Spiele zur Wahrnehmungs-förderung

HERDER

FREIBURG · BASEL · WIEN

Wahrnehmung

Der Mensch vermag manches durch zweckmäßigen Gebrauch einzelner Kräfte,
er vermag das Außerordentliche durch Verbindung mehrerer Fähigkeiten;
aber das Einzige, ganz, ganz Unerwartete leistet er nur, wenn sich die sämtlichen
Eigenschaften gleichmäßig in ihm vereinigen.

Johann Wolfgang von Goethe,
Schriften zur Kunst

Gedruckt auf umweltfreundlichem, chlorfrei gebleichtem Papier

Umschlaggestaltung: Seiler + Kunz, Freiburg
Illustrationen: Ines Rarisch, Düsseldorf

7. Auflage

© Verlag Herder Freiburg im Breisgau 1999
www.herder.de
Satz & Gestaltung: DTP-Studio Helmut Quilitz, Denzlingen
Druck und Bindung: fgb · freiburger graphische betriebe 2002
www.fgb.de
ISBN 3-451-26622-9

Inhalt

Vorwort

Liebe Erzieherin!

Stellen Sie nicht auch manchmal Ihre tägliche Arbeit in Frage? Glauben Sie nicht auch hin und wieder, daß Sie heute mal wieder nichts getan haben, da Sie den Kindern ja nur ein neues Fingerspiel gezeigt, mit ihnen geturnt oder mit ihnen einen Kuchen gebacken haben? Wenn Sie an solchen Tagen auch noch von Müttern darauf hingewiesen werden, wie gut Sie es doch haben, weil Sie nur mit den Kindern spielen, dann ist die Frage nach dem Sinn Ihrer Tätigkeit nicht mehr weit. Vergleichen Sie in solch einem Tief Ihre Arbeit mit der einer Heilpädagogin, einer Grundschullehrerin oder einer Ergotherapeutin, ist Ihr Selbstbewußtsein bis auf ein Minimum geschrumpft und Ihr Berufsbild gerät ins Wanken. Ihre tägliche Arbeit verliert damit in Ihren Augen an Qualität und die Motivation läßt nach. Damit es nicht soweit kommt, habe ich für Sie dieses Buch geschrieben. Ich möchte Ihnen zeigen, wieviel Sie täglich leisten und wie wichtig jedes auch noch so kleine Angebot für die ganzheitliche Entwicklung des Kindes ist.

Tagaus, tagein erleben Sie die Kinder allein, in der Gruppe, aktiv oder passiv, entspannt oder angespannt und können erkennen, daß viele Kinder unsicher, ängstlich und verhalten ihrer Welt gegenübertreten. Sie fühlen sich oft überfordert, ziehen sich zurück und sind so in ihrer Entwicklung blockiert. Leider werden die daraus resultierenden Störungen oft sehr spät gesehen. Masern, Windpocken oder Ziegenpeter sind leicht erkennbar und werden daher zur rechten Zeit behandelt und beseitigt. Sie hinterlassen keine Störungen oder Schäden. Lustlosigkeit, Zurückgezogenheit, Passivität, Kontaktschwierigkeiten, Sprachunlust, Koordinationsschwierigkeiten, starker Bewegungsdrang, Konzentrationsschwächen und viele Dinge mehr sind Signale, die jedoch häufig zu spät oder gar nicht erkannt und behandelt werden. Das Kind ist damit belastet, und seine ganzheitliche Entwicklung kann sich nicht mehr ungestört vollziehen. Wahrnehmungsauffälligkeiten oder sogar Wahrnehmungsstörungen werden die Phänomene genannt, wenn sie massiv auffallen und therapeutisch behandelt werden müssen.

Sie als Erzieherin sind täglich mitten im Geschehen. Sie haben einen Blick für die Kinder und für das, was mit ihnen geschieht. Sie können die Kinder zur rechten Zeit und am rechten Ort mit vielen schönen, spielerischen Angeboten vor diesen Auffälligkeiten bewahren oder früh genug spielerisch dazu beitragen, daß diese Auffälligkeiten zu keiner Störung werden.

Oft ist man sich als Erziehender dieser besonderen Aufgabe nicht bewußt, stellt seine Leistung in den Schatten und ist mit seiner täglichen Arbeit unzufrieden. Doch Sie leisten viel, Ihre Arbeit ist genauso wichtig wie die Arbeit anderer Berufsgruppen, die die Kinder auf ihrem Weg zum Erwachsenen begleiten. Seien Sie sich Ihrer Fähigkeiten bewußt und nutzen Sie das umfangreiche therapiefreie Angebot, welches Sie befähigt, die Wahrnehmung eines jeden Kindes und damit seine Entwicklung und seine Freude am Leben positiv zu beeinflussen. Da Sie sich für die Thematik dieses Buches interessieren, signalisieren Sie, daß Sie dem Kind, seiner Entwicklung, seinen Interessen, seinen Fähigkeiten, aber auch seinen Auffälligkeiten Beachtung schenken: Sie wollen mit dem Kind leben, es auf seinem Weg zum Erwachsenwerden begleiten und es in seiner ganzheitlichen Entwicklung unterstützen.

Bei der Lektüre dieses Buches werden Sie feststellen, wie wertvoll gut vorbereitete Angebote sein können. Sie fördern nicht nur die Entwicklung des Kindes, sondern auch Ihre eigene. Ein gutes Angebot macht nicht nur das Kind zufrieden, sondern auch Sie selbst. Es stärkt Ihr Selbstbewußtsein, Ihre Motivation, und so entsteht zwischen Ihnen und dem Kind ein harmonisches und wirkungsvolles Geben und Nehmen. Die Freude an Ihrem Beruf wächst mit jedem gut vorbereiteten Angebot.

Intention dieses Buches ist es nicht, den vielen theoretischen Abhandlungen über Sinnesschulung, Wahrnehmungsmöglichkeiten usw.

ein weiteres Exemplar hinzuzufügen. Vielmehr soll es dazu beitragen, Ihnen einen konkreten Handlungsrahmen anzubieten, mit dem Sie die Wahrnehmungsfähigkeit der Kinder fördern können. Es soll Sie bei der praktischen Arbeit begleiten und Ihnen durch viele Ideen und Beschäftigungsvorschläge helfen, das Kind in seiner ganzheitlichen Entwicklung zu unterstützen, Auffälligkeiten vorzubeugen, sie aufzufangen und spielerisch abzubauen, damit es nicht zu einer therapeutischen Maßnahme kommen muß. Es soll Ihnen auch zeigen, wie wertvoll jedes Angebot ist. Da die Zeit heute leider auch in unserer Arbeit knapp ist, möchte ich Ihnen die Zusammenstellung von Angeboten erleichtern und biete Ihnen ausführliche Ideen und Spielabläufe. Natürlich handelt es sich hier nur um Vorschläge. Sie können den Ablauf jedes einzelnen Angebotes individuell nach Rahmenbedingungen und eigenen Vorstellungen verändern.

Da die Arbeit in Kindergärten und Kindertagesstätten überwiegend von Frauen geleistet wird, habe ich immer die weibliche Berufsbezeichnung, die Erzieherin, verwendet. Ich bitte alle männlichen Leser, sich von dieser Lesart ebenfalls angesprochen zu fühlen.

Herbst 1998   *Ingrid Biermann*

1 Eine kurze Einführung zum Thema „Wahrnehmung"

Wahrnehmen, Wahrnehmung ist eine allgemeine und umfassende Bezeichnung für den Prozeß des Informationsgewinnens aus Umwelt- und Körperreizen (äußere und innere Wahrnehmung) einschließlich der damit verbundenen emotionalen Prozesse und der durch Erfahrung und Denken erfolgenden Modifikation.[1]

Zur Wahrnehmung gehören:
- die Aufnahme der verschiedenen Reize durch die Sinnesorgane;
- die Weiterleitung der verschiedenen Reize zum Gehirn;
- die Speicherung des Wahrgenommenen in den entsprechenden sensorischen Zentren;
- das Vergleichen der Reize mit dem bisher Wahrgenommenen;
- die Koordination der Einzelreize der verschiedenen sensorischen Zentren;
- die Verarbeitung der Reize, das richtige Einordnen in die bisherigen Erfahrungen und Handlungen;
- die Reaktion auf den Reiz, die Reizbeantwortung oder Wiedergabe eines Reizes;
- die Kontrolle über die erfolgte Rückmeldung der eigenen Reaktion.

Die Aufnahme der Reize erfolgt über die Sinnesorgane:
- ▪ Das Ohr vermittelt die Frequenz der Luftschwingung, den Klang. Wir erfahren Töne in verschiedenen Höhen und Geräusche unterschiedlicher Lautstärke.
  Der Klang einer Stimme und ihre Lautstärke erreichen den Menschen, lange bevor der Sinn der Worte erfaßt wird.

---

[1] Vgl. Zimmer, R.: Handbuch der Sinneswahrnehmung, Freiburg [5]1995, S. 32.

■ Hand, aber auch Mund, Gesicht und andere Hautpartien vermitteln die Beschaffenheit der Umgebung, die nicht zu riechen, zu schmecken, zu hören und zu sehen ist: die Temperatur und die Struktur von Gegenständen und Personen.

Um etwas von einer unbekannten Frucht zu erfahren, benutzt man Hand und Mund; die Beschaffenheit (glatt, rauh) und die Temperatur einer Oberfläche werden ertastet.

■ Das Auge vermittelt Farben und Formen der Umgebung, es liefert Informationen über Schatten und Licht und das sichtbare Spektrum der Farben.

Eine Gestalt wird wahrgenommen, die Form prägt sich ein, sie ist aus jeder Entfernung und in jeder Lage zu erkennen.

■ Das Gleichgewichtsorgan im Innenohr liefert Informationen über die Stellung unseres Kopfes zur Schwerkraft, spürt alle Veränderungen des Kopfes.

Selbst wenn es absolut dunkel ist, weiß der Mensch, wo oben ist, welche Stellung der Kopf hat.

■ Die Nase vermittelt den Geruch, den ersten und unmittelbarsten Eindruck der Umgebung.

Wer einen neuen Raum betritt, wird unmittelbar vom Geruch umfangen; er leitet die anderen Sinne unbemerkt.

■ Die Zunge liefert den Geschmack; ob etwas süß oder sauer, salzig oder bitter ist.

Eine unbekannte Frucht wird gerochen, die Zunge bringt die Geschmacksfärbung, es entsteht der Geschmack.

Im folgenden werden die verschiedenen Bereiche der Wahrnehmungsförderung aufgeführt mit der Absicht, eine kurze Übersicht zu geben, mit deren Hilfe Förderbedarf festgestellt werden kann.

Wahrnehmungsförderung kann notwendig werden bezüglich:
1. der **Grobmotorik:**
– allgemeine Geschicklichkeit
– Bewegungssicherheit, -koordination, -schnelligkeit, -elastizität
– Reaktionsfähigkeit
– visuomotorische Koordination (z. B. Spiegelbildhaltung einnehmen);

2. der **Feinmotorik:**
- allgemeine Geschicklichkeit, Hand- und Fingergeschicklichkeit
- visuomotorische Koordination (z. B. den Blick auf das richten, was man gerade macht)
- feinmotorische Koordination;

3. des **Körperschemas** (den Körper wahrnehmen, ihn einschätzen, spüren, wo seine Grenzen sind):
- Raumlage (z. B.: Wo stehe ich gerade?)
- angepaßte motorische Aktivität (so spielen, daß ich nichts umwerfe);

4. der **visuellen Wahrnehmung:**
- visuelle Konzentration (das, was ich sehen will, herausfiltern und den Rest zurückstellen)
- visuelle Differenzierung
- visuelle Serialität (schrittweise einer Aufforderung folgen, die Reihenfolge erkennen)
  visuelles Gedächtnis (Kimspiele)
- extraokulare Muskelkontrolle (einer Linie folgen);

5. der **auditiven Wahrnehmung:**
- auditives Gedächtnis (Geräusche zuordnen, in Erinnerung holen)
- auditive Differenzierung
- auditive Serialität (etwas umsetzen können, z. B. hüpfen, springen, verklanglichen)
- Richtungshören
- auditive Gliederung (hören, wo jemand ist)
- auditive Intermodalität (verbinden, um welches Geräusch es sich handelt, z. B. Fahrradklingel, Rasenmäher);

6. der **taktil-kinästhetischen Wahrnehmung** (Wie vorsichtig muß ich etwas anfassen? Z. B. Glas, Pappe):
- Berührungsempfindung
- taktiles Differenzierungsvermögen (sich an etwas erinnern und nicht nur beschreiben)
- Körperempfinden;

7. der **Gleichgewichtswahrnehmung:**
- allgemeine Gleichgewichtssicherheit
- statisches Gleichgewicht (in der Bewegung verharren)
- dynamisches Gleichgewicht (Trampolin, Pedalo, Bewegung);

8. der **Gesprächsbereitschaft:**
- Sprechsicherheit, -freude, -beteiligung, Zuhören;

9. der **Sprachfähigkeit:**
- Artikulation
- Lautbildung
- aktiver Wortschatz (gut formulieren können)
- Redetempo
- Sprechrhythmus;

10. der **Selbstsicherheit** und des **Selbstwertgefühls:**
- Angstfreiheit
- Umgang mit Neuem
- Zutrauen
- Reaktion auf Mißerfolg;

11. der **olfaktorischen Wahrnehmung:**
- Riechen;

12. der **gustatorischen Wahrnehmung:**
- Schmecken.

2 Spielerische Unterstützung der kindlichen Entwicklung und Wahrnehmungsfähigkeit: Material und Spielvorschläge

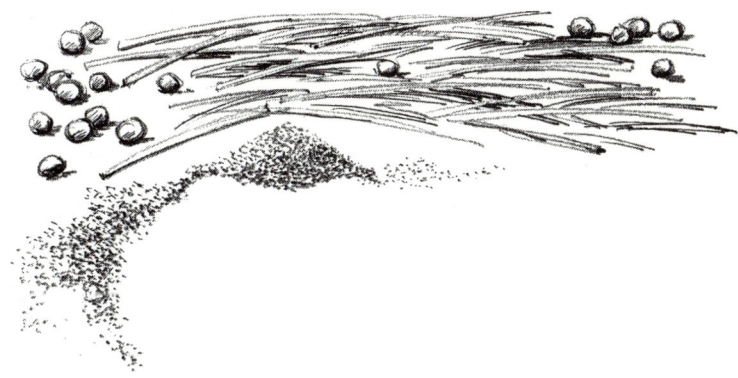

2.1 Erbsen, Sand und Stroh

Ziel: Förderung der taktilen, der visuellen und auditiven Wahrnehmung, der Feinmotorik und der Gesprächsbereitschaft

Fühlsäckchen
Kleine Stoffbeutel werden mit Erbsen, Sand, Korn, Stroh, Raps usw. gefüllt und fest zugenäht. Mit ihnen kann allein oder paarweise gespielt werden.

Spielbeispiele

Das Zudeckspiel
Ein Kind legt sich auf eine Decke. Ein anderes Kind deckt dieses langsam und behutsam mit den Säckchen zu.

Memory

Immer zwei Säckchen mit dem gleichen Inhalt sollen erfühlt und zugeordnet werden.

Schau genau

Materialbilder (Erbsen, Sand usw.) sollen dem Inhalt der Säckchen zugeordnet werden.

Naturkissen

Große Kissen (40 x 40 cm) werden mit dem o. g. Materialien gefüllt und zugenäht. Man kann sich auf die Kissen setzen, mit nackten Füßen über sie gehen, aus mehreren Kissen eine Fühlinsel bilden und sich darauf legen.

Naturbett

Kinderbettbezüge oder Kopfkissen werden mit Korn, Stroh gefüllt und fest zugenäht. Die Materialien lassen sich beim Kuscheln gut mit dem ganzen Körper erfühlen. Als Füllmaterialien können auch Luftballons oder alte Tennisbälle genommen werden.
Hinweis: Naturbetten sind sehr schwer und sollten deshalb einen festen Standort haben.

Erbsenbecken

Ein Planschbecken wird mit Erbsen gefüllt. Becher, Löffel, Plastikflaschen, Siebe usw. erweitern die Spielmöglichkeiten. In den Erbsen zu baden, sich zu berieseln, zu wühlen, zu buddeln, zu graben bringt das Kind spielerisch in ein körperlich-seelisches Gleichgewicht. Geeignete Materialien sind auch Kastanien, Bohnen oder alte Tennisbälle.

Knautschball

Je zwei Luftballons werden mit Sand, Erbsen, Bohnen, Linsen, Watte usw. gefüllt und fest verknotet. Der Knautschball kann mit den Händen geknetet und verformt werden.

Fühleimer

Große Eimer werden mit Erbsen, Bohnen, Korn, Sand usw. gefüllt. Darin werden kleine Gegenstände versteckt. Durch Wühlen sollen sie gefunden werden. Auch dieses Spiel kann leicht zu einem Memory verändert werden, indem immer zwei gleiche Gegenstände gefunden, ertastet und herausgeholt werden müssen.

Klingende Ballons
Große und kleine Luftballons werden mit einigen Erbsen, kleinen Glöckchen oder Holzkugeln gefüllt, aufgeblasen und fest verknotet. Beim Spielen mit diesen Ballons können die unterschiedlichen Geräusche wahrgenommen werden.

2.2 Kork, Nägel und Holz

Ziel: Förderung der taktilen Wahrnehmung, der visuomotorischen Koordination, der allgemeinen Geschicklichkeit, der visuellen Wahrnehmung und der Gesprächsbereitschaft

Tastbretter
Gemeinsam mit den Kindern werden auf kleine Holzbretter mit Bleiband, Nägeln, Perlen, Korken, Streichhölzern usw. geometrische oder gegenständliche Formen geklebt. Mit geschlossenen Augen wird die Form erfühlt.

Kugelbahn
Gemeinsam mit den Kindern wird ein Kugelkanal aus vielen unterschiedlichen Holzleisten gebaut. Dieser wird mit Holzleim an der Seite eines Bücher- oder Spielzeugregals befestigt. Nun können hierdurch Murmeln oder Perlen hinunterrollen.

Spinnennetz

Auf ein Holzbrett werden mit Hilfe der Kinder, ohne eine bestimmte Ordnung, kleine Nägel gehauen. Mit einer langen Kordel oder einem Schuhband, das um die einzelnen Nägel geführt und geschlungen wird, spinnen die Kinder ein Netz.

Wunderblume

In der Mitte eines Holzbrettes wird mit Nägeln ein kleiner Kreis und um ihn herum in größerem Abstand ein größerer Kreis genagelt. Mit Bast oder Wolle werden die Nägel vom Außen- und Innenkreis miteinander verbunden.

Achterbahn

Auf ein Holzbrett wird mit zwei Nagelreihen eine große Acht genagelt. In dieser Achterbahn kann nun eine Kugel durch leichtes Auf- und Abbewegen des Brettes entlangrollen. Die Augen verfolgen genau die Bewegung der Kugel.

Webrahmen

Auf ein Holzbrett werden oben und unten eine Reihe Nägel gesetzt und mit Wollfäden oben und unten miteinander verbunden. Mit Wolle, Bast, Kordel, anderen Bändern oder Stoffstreifen kann nun gewebt werden.

2.3 Kugeln, Murmeln, Knöpfe und Bälle

Ziel: Förderung der visuomotorischen Koordination, der allgemeinen Geschicklichkeit und der Feinmotorik, der auditiven und taktilen Wahrnehmung und der Gesprächsbereitschaft

Kugelfalle

In eine Korkpinnwand wird ein Loch geschnitten, welches auf der Rückseite mit einem kleinen Auffangbeutel versehen wird. Durch Bewegen der Pinnwand können mehrere kleine Murmeln langsam auf der Vorderseite hin und her gerollt werden, die dann durch das Loch in den Beutel fallen.

Klingende Kugel

In eine kleine Glasschüssel wird eine Murmel gelegt. Durch leichte Bewegungen wird die Kugel in Schwung gebracht. Dann läßt man die Kugel ausrollen, sie erzeugt ein klingendes Geräusch. Das Spiel kann nach einiger Übung auch mit mehreren Kugeln gespielt werden.

Kreisel

In die Rille eines runden Holzbrettchens wird eine Murmel gelegt. Durch leichte Bewegungen des Brettchens kann sie nun in dieser Rille kreisen. Auch hier können mehrere Kugeln verwendet werden.

Steinwäscherei

Gesammelte Steine werden mit Hilfe von Bürsten, Schwämmen, Tüchern gewaschen, getrocknet und mit Öl eingerieben.

Steinwaage

Verschieden große Steine können auf einer alten Waage mit den zwei Waagschalen ins Gleichgewicht gebracht werden.

Großmaul

In Tennisbälle werden Schlitze geschnitten. Mit einer Hand wird der Schlitz aufgedrückt, mit der anderen Hand wird das Großmaul mit Dingen wie Kugeln, Murmeln, Steinen usw. gefüttert.

2.4 Spiele im Freien

Ziel: Förderung der Grob- und Feinmotorik, der auditiven, olfaktorischen, taktilen und akustischen Wahrnehmung, der Gleichgewichtswahrnehmung

Glockenbaum
In einen Baum werden verschiedene Glöckchen gehängt, die bei Wind klingende Töne erzeugen.

Klanghaus
Aus dicken Bambusstäben und Bast wird ein Klanghaus erstellt. An die Stäbe werden Deckel, Töpfe, Löffel, Tassen und andere Gegenstände gehängt, die Töne und Klänge erzeugen. Mit Hilfe von Löffeln, Holz oder anderen Stäben können die Kinder eigene Tonreihen erzeugen.

Tastbaum
In einen Baum werden alte Wollstrümpfe gehängt, die mit Materialien und Gegenständen gefüllt und ertastet werden können.

Farbgarten
Ein Stück Rasen wird umgegraben, eingezäunt und in verschiedene Beete aufgeteilt. In diese werden jeweils Pflanzen gesetzt, die blau, gelb, rot usw. blühen. Mit Hilfe dieses Farbgartens kann spielerisch Farblehre betrieben werden. Die Kinder können auch feststellen, daß es verschiedene Rot-, Gelb-, Blautöne gibt.

Riechstraße

Ein Streifen Rasen wird umgegraben. Dort werden duftende Sträucher, Pflanzen, Blumen und Kräuter angepflanzt.

Webrahmen

Aus Rund- oder Kanthölzern wird ein Gestell in Form einer Tafel errichtet (Höhe und Breite können frei gewählt werden). In den inneren Rahmen wird Maschendraht gespannt. Die Kinder können in diesen Rahmen Blätter, Gräser, Blumen usw. einziehen und so ein Bild mit Naturmaterialien erstellen.

Im Winter kann dieser Rahmen ins Haus geholt werden. Mit Stoffstreifen, Geschenkband, Kordel usw. kann man phantasiereiche Bilder herstellen.

Variation: In den Rahmen werden oben und unten, links und rechts Haken geschraubt. Diese werden mit Paketband oder Bast so miteinander verbunden, daß ein Webgitter entsteht. Hier hinein können ebenfalls Naturmaterialien geflochten werden.

Zähltafel

Aus Rund- oder Kanthölzern wird ein Gestell in Form einer Tafel errichtet. Rechts und links werden Haken angebracht. Durch diese wird ein Rundholz gezogen. Es werden runde, farbige Holzscheiben oder dicke Perlen auf das Rundholz aufgezogen, die dann beliebig von rechts nach links geschoben werden können.

Spinnennetz

Ein Rahmen wird, wie oben beschrieben, erstellt. Oben, unten, rechts und links werden Haken befestigt. An eine Stelle des Rahmens wird eine Rolle Bast geknotet. Mit dieser kann ein Spinnennetz gezogen werden, indem der Faden in einer beliebigen Reihenfolge um die Haken gezogen wird. Es kann auch mit verschiedenen Farben gewebt werden.

Beobachtungsecke

Die Kinder errichten gemeinsam mit der Erzieherin eine Beobachtungszone mit einem Steinhügel für Käfer, einem Reisigberg für die Igel, einer wilden Wiese für die Schmetterlinge, einigen, in den Boden eingelassenen Fässern, die als Teich benutzt werden, einem Erdhügel für Regenwürmer, vielen Büschen, Blumen und Sträuchern, einem Vogelhaus usw. Anschließend wird dieser Bereich so eingezäunt, daß niemand einfach hineinlaufen kann.

Wassergraben

Ein niedriges Flußbett wird ausgehoben und mit Teichfolie abgedichtet. Hier kann nach Bedarf Wasser hineingeleitet, damit gespielt und der Phantasie freien Lauf gelassen werden.

Miniwald

Viele schnell wachsende Büsche werden gepflanzt. In einigen Jahren schon können die Kinder, die dann die Einrichtung besuchen, in ihrem Kindergartenwald herumstrolchen.

Kreativspielzeug

Holz in unterschiedlichen Längen und Formen, Kalksandsteine, Bretter, Autoreifen und Bierkästen ergänzen das herkömmliche Spielzeug wie Schippen, Schubkarren, Handwagen auf hervorragende Weise.

Bewegungsspielzeug

Roller, Dreiräder, Laufdosen und Bälle sind zur Entwicklung der Motorik und der Gleichgewichtswahrnehmung von großer Wichtigkeit.

Kletterbaum

Ein alter Baum wird zum Kletterbaum umfunktioniert.

Kletterburg

Aus verschiedenen Hölzern wird eine Kletterburg errichtet. Sie lädt zum Klettern, Springen, Balancieren usw. ein.

3 Spiele zur Anregung der Wahrnehmung und zur Verbesserung der Konzentration

3.1 Kinesiologische Spiele

Kindliches Lernen vollzieht sich immer, in einem natürlichen Ablauf. Es hilft dem Kind, sich in seiner Umwelt zurechtzufinden.

Durch eigenes Erforschen lernt das Kind Bewegungsabläufe und Zusammenhänge kennen; sein Denkvermögen wird gefördert. So lernt es, durch alles, was es sieht, hört, tut, fühlt und riecht, Dinge nachzuvollziehen und sein Wissen zu erweitern. Jedoch beeinflussen nicht nur positive Dinge diesen Prozeß, sondern es fließen auch viele negative Einflüsse ein. Diese können die kindliche Entwicklung stören. Es entstehen Beeinträchtigungen in der Wahrnehmung, die Sinne können sich nicht mehr frei entwickeln, und das Kind nimmt seine Umgebung nur noch eingeschränkt wahr. Das körperliche und geistige Wohlbefinden schwankt und hemmt das Kind in seiner ganzheitlichen Entwicklung. Es reagiert mit Störungen wie Unkonzentriertsein, Aggressivität, Passivität, Sprachschwierigkeiten, Kontaktschwierigkeiten, Auffälligkeiten in der Wahrnehmung und vielem mehr.

Diese Störungen aufzufangen, Blockaden zu lösen und den natürlichen Entwicklungsprozeß wieder in Gang zu bringen, ist Ziel der Kinesiologie. Das Wort Kinesiologie ist abgeleitet vom griechischen Wortstamm „Kin" (= die Bewegung). Man versteht unter Kinesiologie die Lehre von der Bewegung oder der Bewegungsempfindung. Bewegung beeinflußt nicht nur das körperliche und geistige Wohlbefinden, sondern wirkt sich auch auf die Fähigkeit aus, positiv zu denken. Durch spielerisch angewandte Bewegungsübungen wird das Kind wieder in die Lage versetzt, seine Umwelt klarer wahrzunehmen. Die Konzentration wird gestärkt, die Sinne werden wieder geweckt. Somit können sich die kindliche Entwicklung und Entfaltung wieder ungehindert vollziehen.

Spielerisch angewandte kinesiologische Übungen können im Morgenkreis gemeinsam mit allen Kindern, vor strukturierten Angeboten oder einfach zur Auflockerung zwischendurch gemacht werden. Sie sind leicht, benötigen wenig Platz und machen Spaß. Werden diese Spiele regelmäßig durchgeführt, so ist schon schnell ein Erfolg zu sehen. Die Kinder werden ruhiger, ausgeglichener, zufriedener, konzentrierter, aufnahmefähiger und zeigen mehr Freude und Interesse an dem, was sie umgibt.

Ziel: Wecken der Sinne zur Förderung der Konzentration und Verbesserung der Wahrnehmung

Überkreuztes Marschieren

Ziel: Mit Hilfe dieser Übung wird das Fühlen und Denken wieder ins Gleichgewicht gebracht. Alle Muskeln, die für die Körperbalance wichtig sind, werden angeregt.

Die Kinder marschieren auf der Stelle, indem sie die Beine hoch ziehen und mit den Armen hin und her pendeln. Dabei berühren sie über Kreuz mit den Händen das Knie (rechte Hand – linkes Knie, linke Hand – rechtes Knie). Das Marschieren kann von Gesang oder Musik begleitet werden.

Die Pendeluhr

Ziel: Anregung des Gleichgewichtssinns, Entspannung

Das Kind überkreuzt im Stehen so die Beine, daß es sicher steht. Der Oberkörper wird nach vorne gebeugt. Dabei sollten die Knie nie ganz durchgedrückt sein. Die Arme hängen locker nach unten und pendeln nun hin und her, rauf und runter. Der Oberkörper macht die Bewegungen mit. Führt die Bewegung nach oben, wird eingeatmet, führt sie nach unten, wird ausgeatmet. Noch einmal mit umgekehrter Fußstellung.

Die Denkmütze

Ziel: Diese sanfte Massage macht frisch und entspannt. Da die Kinder ihre Ohren aufgrund der Umweltbelastung oft verschließen, hilft dieses Spiel dabei, sie wieder zu öffnen und sie aufnahmefähiger zu machen.

Bei diesem Spiel kann man sitzen oder stehen. Der obere äußere Rand der Ohrmuschel wird zwischen Daumen und Zeigefinger genommen. Der Daumen liegt außen, der Zeigefinger innen.

Die Ohrmuscheln werden mit diesen beiden Fingern von oben nach unten massiert und lang gezogen. Die Finger wandern dabei langsam bis zum Ohrläppchen herunter. Dieses Spiel sollte mindestens dreimal wiederholt werden, bis die Ohren warm und gut durchblutet sind.

Der Muntermacher

Ziel: Dieser Muntermacher schaltet Augen und Gehirn an, erfrischt den gesamten Organismus, erhöht die Aufmerksamkeit und verbessert die Bereitschaft, Informationen aufzunehmen.

Diese Übung wird im Sitzen oder Stehen gemacht. Mit dem Daumen und Zeigefinger massiert das Kind mit leichtem Druck zwei Energiepunkte, die rechts und links direkt unterhalb des Schlüsselbeines in dem weichen Gewebe sitzen, das rechts und links am Brustbein angrenzt. Die andere Hand massiert die Region um den Bauchnabel. Diese Massage dauert ca. 20–30 Sekunden, danach werden die Hände gewechselt.

Das Regendach

Ziel: Die Funktionen der rechten und linken Gehirnhälfte werden ins Gleichgewicht gebracht.

Dieses Spiel kann im Sitzen oder Stehen ausgeführt werden. Das Kind drückt die gespreizten Finger der rechten und linken Hand vor seinem Körper fest gegeneinander; die Finger bilden dabei ein Dach. Dabei schließt das Kind die Augen. Es konzentriert sich auf dieses

Spiel. Die Finger werden einige Sekunden in der beschriebenen Art gehalten. Nachdem die Hände gelöst, gelockert und leicht ausgeschlagen werden, wird das Spiel wiederholt.

Der Brummbär

Ziel: Das Kind atmet bewußt, das Gehirn wird gut mit Sauerstoff versorgt und so die Konzentration gesteigert.

Dieses Spiel kann im Sitzen oder Stehen gemacht werden. Das Kind atmet schnarchend durch die Nase ein und brummend durch den Mund wieder aus. (Mindestens dreimal durchführen – später bis auf zehnmal steigern.)

Nasenatmen

Ziel: Das Gehirn wird mit Sauerstoff versorgt, die Atmung geerdet und die Konzentration gefördert.

Dieses Spiel kann im Sitzen oder Stehen gemacht werden. Das Kind hält sich mit dem Daumen ein Nasenloch zu und atmet durch das andere tief ein. Danach wird mit dem Zeigefinger das andere Nasenloch zugehalten und durch das jetzt freie ausgeatmet und im Anschluß durch dasselbe Nasenloch wieder eingeatmet. (Übung mindestens dreimal durchführen.)

Kleine Massagespiele

Ziel: Diese Massagespiele bringen neue Energie.

- Eine Hand wird auf den Bauchnabel gelegt, die andere auf das Steißbein. Der Körper wird durch kreisende Bewegungen vorn und hinten massiert (ca. 30 Sekunden).
- Eine Hand wird auf den Bauchnabel gelegt, der Daumen der anderen Hand liegt unter der Unterlippe, die vier anderen Finger über der Oberlippe. Mit beiden Händen leicht massieren, so daß es sich angenehm anfühlt.
- Eine Hand wird auf den Bauchnabel gelegt. Daumen und die anderen Finger der anderen Hand werden auf die beiden Grübchen

unterhalb des Schlüsselbeins links und rechts vom Brustbein gelegt und massieren diese leicht.

Wieder ins Gleichgewicht kommen

Ziel: Entspannungsförderung, Erhöhung der Aufnahmebereitschaft und Schulung des Gleichgewichts

Die Finger der einen Hand werden in die Grübchen am Hinterkopf gelegt. Die Finger der anderen Hand berühren den Nabel. In dieser Stellung einige Sekunden verharren und gleichmäßig atmen. Danach Hände wechseln.

Energiegähnen

Ziel: Bringt neue Energie, löst Verspannungen und Verkrampfungen nach Anstrengungen, stärkt die Konzentration.

Das Kind massiert das Kiefergelenk, während der Mund weit geöffnet wird. Das Ausatmen geschieht mit einem Hauch. Danach herzhaft gähnen.

3.2 Eutonische Spiele

Eutonie ist eine Methode zur Erfahrung der körperlich-geistigen Einheit des Menschen. Bewußtes Erleben, Wahrnehmen und Fühlen der eigenen Körperlichkeit führt dazu, daß konzentrative, schöpferische und soziale Kräfte entfaltet werden können. Sie ist eine Methode der Persönlichkeitsentwicklung und hilft, die Ich-Wahrnehmung und den Selbstfindungsprozeß von Kindern zu unterstützen. Das Wort Eutonie kommt aus dem Griechischen: „eu" bedeutet gut, wohl, ausgeglichen, „tonus" bedeutet Spannung. Versteht man den Begriff Eutonie als eine Zustandsbeschreibung, so wäre das die einer ausgewogenen, bestmöglichen Spannungsqualität. Durch Entspannung und Anspannung kommen Körper, Geist und somit auch die Seele wieder ins Gleichgewicht und sind zu einer größeren Aufnahme und Leistung fähig.

Eutonie ist ein hilfreiches Mittel, um gestreßte, verwirrte, aber auch zurückgezogene, ängstliche, antriebslose Kinder wieder in einen Zustand der Wohlspannung zurückzubringen. Die in diesem Kapitel angebotenen Übungen gehören nicht zu der reinen Eutonie, die spe-

ziell ausgebildete Eutonie-Pädagogen anwenden. Es ist eine praxis-
bezogene Eutonie, die jede Erzieherin ohne Bedenken in ihre alltäg-
liche Arbeit miteinfließen lassen kann. Regelmäßige Durchführung
eutonisch orientierter Übungen führen bei Kindern zu einem Span-
nungsausgleich und verbessern damit ihre Wahrnehmungsfähigkeit.

Ziel: Aufbauen eines Körpergefühles, um neue Bewegungsabläufe
zu ermöglichen

Hinweis: Bei eutonischen Übungen ist es angebracht, die Schuhe aus-
zuziehen, damit die Kinder sich intensiver wahrnehmen, einen sicheren Halt bekommen und einen besseren Kontakt zum Boden aufbauen können. Die Spiele können im Stehen, Sitzen oder aber auch in
der Bauch-, Rücken- oder Seitenlage durchgeführt werden.

Gummiband

Ziel: Wahrnehmung der einzelnen Körperteile durch gezieltes An-
und Entspannen, Lösen von Verkrampfungen

Die Kinder stehen mit leicht gespreizten Beinen, ihre Fußsohlen haben festen Kontakt mit dem Boden. Sie konzentrieren sich auf ihren
Körper. Die Kinder beugen und strecken sich in alle Richtungen. Dabei spannen sie, den Anweisungen des Erwachsenen folgend, die einzelnen Körperteile wie Arme, Finger, Füße, Beine, zum Schluß den
ganzen Körper an. Zwischendurch sollte der Körper immer wieder
gelockert werden.

Autobahn

Ziel: Kontakt zum Ball halten, Kennenlernen der eigenen Körper-
grenzen, Sensibilisierung der Haut für äußere Reize

Die Kinder lassen einen Tennis- oder Noppenball auf ihrem Körper
hin und her, rauf und runter rollen. Sie sollen außerdem versuchen,
ihren eigenen Körper mit dem Ball zu umfahren, ohne dabei den Ball
aus der Hand zu verlieren.

Eins sein mit...

Ziel: Bewußte Wahrnehmung, bewußter Umgang mit einzelnen Körperteilen und Muskeln, Lösen von Verspannungen, konzentriertes Atmen

Die Kinder liegen auf einer Decke und richten ihre Aufmerksamkeit auf einzelne Körperteile, die benannt werden (Schulter, Gesäß, Hände). Diese werden nun erspürt, d. h., sie werden so fest auf die Unterlage gedrückt, daß der benannte Körperteil und die Decke eins sind.

Variation: Die Konzentration richtet sich auf die einzelnen Körperteile. Diese werden bewußt angespannt und gelockert. Die Atmung wird bei der Anspannung angehalten; bei der Entspannung wird wieder ausgeatmet.

Klopfmassage

Ziel: Lockerung der Muskulatur, Erforschen des eigenen Körpers (weiche, harte Stellen), Selbsterfahrung, Freimachen von Berührungsängsten

Die Kinder sitzen auf einer Decke. Sie klopfen entweder mit einer oder mit beiden zu Fäusten geballten Händen den eigenen Körper ab.

Käferkrabbelei

Ziel: Lockern der Muskulatur, Erfahren der eigenen Beweglichkeit

Die Kinder liegen auf dem Rücken und zappeln mit Händen und Füßen. Sie bewegen Arme und Beine frei in der Luft. Nach einer intensiven Bewegungsphase legen sie sich locker auf den Rücken und ruhen sich aus.

Riesen und Zwerge

Ziel: Erfahren des Knochenbaus, der Dehnungsfähigkeit und der Muskulatur, Erleben seines eigenen Körpers in der An- und Entspannung

Die Kinder stellen sich fest auf den Boden. Sie strecken nach Anweisung ihren Körper Stück für Stück zur Decke, sinken danach ganz langsam in sich zusammen und hocken sich hin. Beim Recken einatmen und beim Zusammensinken ausatmen.

Die Pendeluhr

Ziel: Sich etwas zutrauen, sich spüren, sich in der Bewegung entspannen

Die Kinder stehen mit gegrätschten Beinen fest auf dem Boden. Ihr Körper steht aufrecht. Nun lassen sie ihn ganz langsam, so weit sie es sich zutrauen, vor- und zurückpendeln. Haben sie ihren Pendelrhythmus gefunden, schließen sie dabei ihre Augen und pendeln entspannt weiter. Nach einiger Zeit kommen sie dann langsam in den Stillstand. In dieser Körperhaltung verweilen sie eine kurze Zeit und spüren, was mit ihrem Körper geschieht. (Drei- bis viermal)

Variation: Zur Seite pendeln.

Die Hände spüren

Ziel: Bewußtes Wahrnehmen des eigenen Körpers, Schulung der taktilen Wahrnehmung, Übung der Konzentrationsfähigkeit und der Fähigkeit, Ungewohntes zuzulassen

Die Kinder stehen oder sitzen. Sie legen die Handflächen ohne Druck aneinander, schließen die Augen und spüren bewußt die einzelnen Finger und die Hände. Sie warten ab und nehmen das, was geschieht, bewußt wahr. Sie achten auf die Dinge, die sich langsam entwickeln (Wärmebildung oder andere Reaktionen). Dieses Gefühl lassen sie zu, so lange sie es ertragen können.

Den Kontakt zu Gegenständen suchen

Ziel: Förderung der taktil-kinästhetischen Wahrnehmung, durch Konzentration zur Entspannung kommen

In der Kreismitte liegen einige Gegenstände, z. B. Tennisball, Besenstiel, Kastanien, Buch, Stein, Holzstück usw. Jedes Kind konzentriert sich auf die Dinge in der Mitte, schließt die Augen, nimmt sich einen Gegenstand und erspürt diesen ganz genau mit den Fingern. Form, Größe, Beschaffenheit werden bewußt wahrgenommen. Die Dinge können mehrmals ausgetauscht werden.

Variation: Die Dinge werden mit den Füßen oder mit dem Rücken ertastet.

Strecken und entspannen

Ziel: Förderung der Konzentration und der Körperwahrnehmung, Selbstwahrnehmung in der Streckung und der Entspannung

Die Kinder liegen locker und entspannt in Rückenlage auf der Decke und schließen die Augen. Die Erzieherin bittet sie, sich bewußt auf das von ihr genannte Körperteil zu konzentrieren, dieses in der Streckung wahrzunehmen und dann langsam zu entspannen. Dabei können z. B. auch zwei gleiche Körperteile wie die Füße zur selben Zeit im gestreckten und im entspannten Zustand erlebt werden (linker Fuß gestreckt, rechter Fuß entspannt).

Variation: Dieses Spiel kann in der Seiten- und Bauchlage durchgeführt werden.

3.3 Meditative Spiele

Meditation ist gerade in der letzten Zeit zu einem häufig und gern gebrauchten Wort geworden. Meditieren, die Stille erleben, sich wahrnehmen, Phantasien frei werden lassen, sich wohlfühlen und viele Assoziationen mehr fallen uns ein, wenn wir an Meditation denken. Das Wort Meditation kommt aus dem Lateinischen meditari = nachsinnen, meditatio = Besinnung, besinnliche Betrachtung. Streß, Hektik, Rast- und Ruhelosigkeit führen dazu, daß der Mensch sich selbst fremd wird. Durch das Meditieren soll er sich Zeit für sich, seine Gedanken, seine Wünsche und Bedürfnisse nehmen. Er denkt über sich und andere nach, entdeckt Lösungen für seine Probleme und findet wieder zu sich selbst.

Auch Kinder lernen durch Meditation, ihren eigenen Körper wahrzunehmen. Sie gebrauchen ihre Sinne, können sich und ihre Umgebung wieder besser wahrnehmen, finden wieder zu Ruhe und Entspannung, werden ausgeglichener. Deshalb sollten kleine Meditationsübungen häufig im Kindergarten angeboten werden. Auch hier bringt die Regelmäßigkeit den gewünschten Erfolg. Vor oder nach strukturierten Angeboten wird durch meditative Übungen eine bessere Konzentrations- und Wahrnehmungsfähigkeit der Kinder erzielt.

Ziel: Förderung der visuellen, auditiven und taktilen Wahrnehmung, Förderung der Gesprächsbereitschaft

Die Mauer, das Tor

Ziel: Schärfung der Vorstellungskraft, schrittweise Umsetzung von Gehörtem, Wahrnehmung des Körpers in der An- und Entspannungsphase

Die Kinder sitzen im Schneidersitz auf einer Decke oder gerade auf einem Stuhl. Sie legen die Hände auf die Oberschenkel und schließen die Augen. Dabei atmen sie gleichmäßig ein und aus. Sie nehmen die Stille wahr. Die Erzieherin spricht langsam und gleichmäßig den folgenden Text:

Stell' dir vor, du bist eine aus dicken Steinen erbaute Mauer.	*Oberkörper aufrichten und anspannen.*
Du fühlst dich dick, schwer und fest wie ein Mauerwerk.	*In dieser Haltung eine Zeitlang sitzen bleiben.*
In der Mauer öffnet sich ein Tor.	*Locker, leicht und entspannt werden die Arme auseinandergeführt. Dabei einatmen.*
Das Tor schließt sich wieder.	*Die Arme werden wieder zusammengeführt. Dabei ausatmen.*
Du stellst wieder die dicke Mauer dar.	*Den Oberkörper wieder aufrichten, anspannen, in dieser Haltung verharren, und sich erneut öffnen. Dieses Öffnen und Schließen mehrmals wiederholen.*

Das Segelboot

Ziel: Verbesserung der Vorstellungskraft und der Konzentration, Erleben des eigenen Körpers in der Entspannung, Stärken des Körperbewußtseins

Die Kinder liegen auf Decken oder sitzen auf einem Stuhl. Sie schließen die Augen und atmen tief ein und aus. Die Erzieherin spricht langsam und gleichmäßig den folgenden Text:

Stell dir vor, du sitzt in einem kleinen Segelboot.
Ruhig und leise gleitet es mit dir hinaus aufs Meer.
Um dich herum ist es still.
Das Meer ist ruhig, und ein warmer Wind streichelt dich.
Das Boot schaukelt dich sanft hin und her.
Du fühlst dich wohl.
Dir geht es gut.
Du riechst das Meer und atmest seinen Duft tief ein.
Lange bleibst du mit dem Boot auf dem Meer.
Die Sonne geht langsam unter.

Leicht schaukelnd bringt dich das Boot an Land zurück.
Du bist wieder zu Hause.
Öffne deine Augen, reck und streck dich, und spüre, wie gut es dir geht.

Die Zaubermusik

Ziel: Erleben des eigenen Körpers in der Entspannung, Entwickeln eines neuen Körpergefühls

Die Kinder liegen auf Decken oder sitzen auf einem Stuhl. Sie schließen die Augen und atmen tief ein und aus. Die Erzieherin spricht folgenden Text:

Stell dir vor, du sitzt in einem leeren Zimmer.
Nichts steht darin.
Die Wände sind gelb wie die Sonne.
Das Zimmer hat ein Fenster.
Es ist geöffnet.
Du sitzt auf deinem Stuhl und siehst, wie die Sonnenstrahlen in den Raum fallen.
Sie lassen das Gelb der Wände strahlen.
Um dich herum ist alles still.
Auf einmal hörst du eine schöne Melodie.
Du hörst Flöten und Geigen und Töne von einem Klavier.
Es sind ganz leise Töne.
Sie laden dich zum Tanzen ein.
Leicht wie eine Feder tanzt du nach der Zaubermelodie.
Du fühlst dich wohl, dir geht es gut.
Jetzt ist die Musik nicht mehr zu hören.
Es ist wieder still.
Du gehst zurück zum Stuhl und setzt dich.
Es hat Spaß gemacht zu tanzen.
Die Musik hat dich glücklich gemacht.
Du fühlst dich leicht und locker.
Du schließt das Fenster und verläßt den Raum.
Nun bist du zurück in deiner Welt.

Öffne deine Augen, bewege langsam deine einzelnen Körperteile, reck und streck dich.

Schwer wie ein Stein

Ziel: Übung der Konzentrationsfähigkeit, Überwindung der Angst, Erfahren von neuen Dingen und Gefühlen

Die Kinder liegen locker und entspannt auf Decken. Sie atmen tief und gleichmäßig ein und aus. Die Erzieherin spricht langsam und gleichmäßig den folgenden Text:

Stell dir vor, ein dicker Stein liege auf deinem Bauch.
Bei jedem Atemzug wird er schwerer und schwerer.
Laß den Stein auf deinem Bauch liegen und denke nur an seine Schwere.
Atme tief und gleichmäßig weiter.
Wenn du den Stein nicht mehr tragen kannst, öffne deine Augen, reck und streck dich, und setz dich hin.

Sich aus der Enge lösen, öffnen und frei werden

Ziel: Versuch, Unangenehmes zu ertragen, Erspüren der eigenen Grenzen, Zulassen von Neuem

Die Kinder sitzen zusammengekauert auf dem Boden und atmen ruhig und tief ein und aus.
Die Erzieherin spricht folgenden Text:

Stell dir vor, du sitzt in einem engen Schlauch.
Du fühlst den Schlauch und spürst die Enge.
Still sitzt du dort.
Jetzt befreist du dich aus der Enge und holst dich langsam aus dem Schlauch heraus.
Du bewegst dich und löst damit deine Körperteile aus der Verspannung.
Du öffnest dich.
Dein Körper wird breiter, länger und dicker.

Du bewegst ihn in der neuen Freiheit.
Tief atmest du die Freiheit ein.
Genieße die Freiheit.
Komm nun langsam aus deinem Traum zurück.
Bewege leicht deinen Körper, reck und streck dich und öffne die Augen.
Spüre die Freiheit und Weite.

Ein Baum sein

Ziel: Wahrnehmung des eigenen Körpers, Festigung der Vorstellungskraft, intensives Körpererleben

Die Kinder stehen mit gegrätschten Beinen fest auf dem Boden, schließen die Augen und atmen tief und gleichmäßig ein und aus. Die Erzieherin spricht langsam und gleichmäßig den folgenden Text:

Nimm mit deinen Füßen den Boden wahr.
Verbinde dich mit ihm.
Spüre, wie du bei jedem Atemzug schwerer wirst.
Laß dich mehr und mehr in den Boden ein.
Langsam erstarrst du zu einem kräftigen Baum.
Stark stehst du im Wind und fühlst dich gut.
Spürst du den Zauberwind?

(*Die Erzieherin pustet jedem Kind in den Nacken.*)

Er holt dich zurück in deine Welt.
Löse dich langsam aus der Anspannung und reck und streck dich.
Öffne deine Augen, du bist wieder in deiner Welt.

Kraft tanken

Ziel: Wahrnehmung des Körpers in der Entspannung – dadurch können sich die Kinder mit neuer Kraft füllen; Verbesserung der Konzentrationsfähigkeit

Die Kinder liegen entspannt auf einer Decke oder sitzen auf einem Stuhl. Sie schließen die Augen. Die Erzieherin spricht den folgenden Text:

Spüre deine Müdigkeit.

Der ganze Körper ist schwer.

Du willst neue Kraft tanken und stellst dich in die Sonne.

Hier atmest du tief ein und aus.

Bei jedem Atemzug spürst du, wie neue Kraft in deinen Körper strömt.

Sie fließt in deine Füße, deine Beine, deinen Bauch, deine Hände, in deinen Kopf.

Jetzt bist du mit Kraft aufgetankt.

Die Müdigkeit ist fort, von Kopf bis Fuß fühlst du dich wieder kräftig und stark.

Du genießt dieses schöne Gefühl.

Langsam bewegst du deine einzelnen Körperteile und reckst und streckst dich.

Öffne die Augen, du bist wieder in deiner Welt.

3.4 Körpererfahrungs- und Massagespiele

Das Bedürfnis nach Körperkontakt ist von Geburt an bei jedem Menschen sehr stark vorhanden. Bekommt das Kind wenig Körperkontakt, so kann es nicht überleben. Er ist ebenso wichtig wie Essen und Trinken. Körperkontakt ist die Nahrung für Geist und Seele. Er ist ein Kommunikationsmittel, mit dem sprachlos Liebe, Zuneigung, Annahme und Akzeptanz ausgedrückt wird. Körperkontakte zu pflegen, wird jedoch leider oft gleichgesetzt mit dem Verlangen nach Sexualität. Dieses kann zwar daraus resultieren, aber hat in der Kindheit nichts damit zu tun. Verlangen nach Körperkontakt bedeutet für ein Kind Verlangen nach Anerkennung, nach Ruhe, nach Nähe. Sich Zeit nehmen, sich gegenseitig beachten und Achtung schenken, sich angstfrei in der Berührung fallen lassen, sich Vertrauen schenken sind wichtige Aspekte, die den Entschluß, den Körperkontakt schon im Kindergarten zu pflegen, festigen sollten. Einem Kind, das ohne Körperkontakt aufwächst, fehlt etwas im Kontakt zu anderen Menschen. Seine ganzheitliche Entwicklung, vor allem im taktil-kinästhetischen Bereich, wird gestört. Die Gefahr, Schwierigkeiten in der zwischenmenschlichen Beziehung zu bekommen, z. B. bei einer späteren Partnerwahl, ist sehr groß. Der behutsame und einfühlsame, aber nicht grenzenlose Körperkontakt sollte daher auch im Kindergarten gepflegt werden. Viele Körpererfahrungsspiele lassen den Körperkontakt zu und helfen dem Kind, sich in seiner Wahrnehmung zu entwickeln.

Ziel: Die Sinne der Kinder wecken und sie für ein strukturiertes Angebot aufnahmefähiger machen

Schwerpunkt: Förderung der taktil-kinästhetischen, der auditiven, visuellen und olfaktorischen Wahrnehmung, der Motorik, der Sprachfähigkeit, der Selbstsicherheit

Schneeflockengewimmel

Ziel: Beachten von Signalen, Rücksichtnahme auf andere

Die Kinder werden aufgefordert, sich nach einer Musik wie Schnee-flocken im Kreis bzw. Raum zu bewegen. Wird die Musik leise gestellt, gehen alle in die Kreismitte und legen sich dort zu einem Schneeberg auf- und nebeneinander.

Rollende Tonne

Ziel: Einstellen auf andere, Körperkontakte zulassen

Die Kinder legen sich zu einer langen Reihe dicht aneinander. Auf ein Signal, z. B. einen Glockenton, rollen sich alle nach rechts oder links. Es ist wichtig, dabei immer sehr dicht aneinander zu bleiben, damit die Tonne nicht zerreißt.

Handgewimmel

Ziel: Sich selbst etwas zutrauen, Übung des Umgangs mit Neuem, Stärkung der Selbstsicherheit

Die Kinder stellen sich in einem großen Kreis auf. Auf ein Signal hin schließen sie die Augen und gehen mit ausgestreckten Armen lang-sam in die Kreismitte. Sie greifen dabei mit ihren Händen so lange ins Leere, bis sie mit der rechten und linken Hand jemanden berühren und anfassen können. Dann bleiben sie stehen und öffnen die Augen. Erst wenn alle mit beiden Händen einen anderen angefaßt haben, kann dieses Gewimmel gelöst werden.

Wärmflasche

Ziel: Zulassen von Körperberührungen, von der Anspannung in die Entspannung fallen, sich gegenseitig viel Vertrauen schenken, sich auf etwas Ungewohntes einlassen

Ein Kind legt sich auf den Boden und schließt die Augen. Eine beliebige Anzahl von Kindern kniet sich um dieses Kind herum und deckt es mit den Händen zu. Dabei werden verschiedene Körperteile wie Kopf, Arme, Bauch, Ober- und Unterschenkel berührt. In dieser Stellung verweilen die Kinder einige Minuten. Meditative Musik begleitet das Spiel. Das liegende Kind verspürt nach einiger Zeit ein angenehmes warmes Gefühl.

Stehaufmännchen

Ziel: Zulassen von Körperkontakten, Vertrauen in andere setzen, sich auf Unbekanntes einlassen

Ein Kind steht in der Kreismitte. Die anderen Kinder stehen mit gegrätschten Beinen in einem kleinen Kreis darum herum. Das Kind läßt sich nun vertrauensvoll nach vorne fallen. Es wird von den anderen Kindern immer wieder vorsichtig hin- und hergeschubst, wie ein Stehaufmännchen.

Brummbären

Ziel: Förderung der visuellen Wahrnehmung und der Übung in Rücksichtnahme, Förderung der Konzentration, der vestibulären Wahrnehmung, Schulung der Motorik

Mit mehreren Seilen wird ein großer Kreis gelegt. In diesem Kreis bewegen sich die Kinder, d. h., sie laufen brummend durcheinander, ohne sich dabei zu berühren.

Variation: Die Schritte und die dabei gemachten Geräusche können beliebig verändert werden.

Hände befühlen

Ziel: Zulassen von Körperkontakten, Förderung der taktilen Wahrnehmung

Die Kinder setzen sich paarweise voreinander, reichen sich vertrauensvoll die Hände, halten sie zusammen, streicheln und drücken sie. Sie massieren sich einzelne Finger und schauen sich gegenseitig an. Auf diese Weise lernen sie sich alle besser kennen.

Handmassage

Ziel: Spielerische Schulung der taktilen Wahrnehmung, Sammeln von neuen Erfahrungen, Abbau von Ängsten, Festigung der Selbstsicherheit

Die Kinder bilden Paare. Nun können sie sich z. B. erst mit der rechten Hand und dann mit der linken oder sofort mit beiden Händen gegenseitig die Hand eincremen. Es ist darauf zu achten, daß sie immer im Handkontakt bleiben.

Materialmassage

Ziel: Förderung der taktilen Wahrnehmung, Abbau von Ängsten und Unsicherheit, Festigen von Selbstvertrauen, auch im Umgang mit Neuem

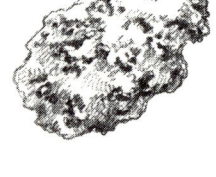

Die Kinder bilden Paare. Sie können verschiedene Materialien wie Saunaschwämme, -handschuhe, weiche Bürsten, Watte, Federn, Tennisbälle zur Massage einsetzen. Ruhige Musik unterstützt die Massage. *Hinweis:* Je weniger bekleidet die Kinder sind, um so wirkungsvoller ist die Massage.

Öl- oder Schaummassage

Ziel: Förderung der taktilen Wahrnehmung, Übung des Umgangs mit Neuem, Aufbau von Selbstvertrauen und Abbau von Berührungsängsten

Paarweise massieren sich die Kinder mit Rasierschaum oder neutralem Sonnenblumenöl, welches mit einem Duft angereichert ist. Auch hierbei sollten die Kinder wenig bekleidet sein. Ruhige Musik unterstützt diese Massage.

Zauberkreis

Ziel: Förderung der taktilen Wahrnehmung, Berührungsängste abbauen, Förderung des Sozialkontakts

Die Kinder stellen sich in Kreisform so auf, daß sie dem Vordermann auf die Schulter fassen können. Sie massieren ihm Nacken und Schultern und streichen die Massage an den Oberarmen aus. Auf diese Weise geben und erhalten die Kinder eine Massage.

Rückenklopfen

Ziel: Förderung der taktilen Wahrnehmung, Aufbau des Selbstvertrauens, Abbau von Berührungsängsten, Förderung des Sozialkontakts

Die Kinder stellen sich in Kreisform auf und massieren sich gegenseitig den Rücken mit einer Klopfmassage, d. h., mit den Fingern leicht klopfen, mit den Händen leicht schlagen. Zum Schluß wird die Massage nach unten ausgestrichen.

Kopfmassage

Ziel: Förderung der taktilen Wahrnehmung, Aufbau des Selbstvertrauens, Abbau von Berührungsängsten, Förderung des Sozialkontakts

Die Kinder stellen sich in Kreisform auf und massieren sich gegenseitig den Kopf. Mit den Fingerspitzen werden leichte klopfende, kreisende Bewegungen vorgenommen und abschließend nach unten ausgestrichen.

3.5 Atemspiele

Kummer, Ärger, Angst, Enttäuschung usw. belasten nicht nur den Geist, sondern führen auch dazu, daß der Mensch nicht mehr in der Lage ist, seine Lungen richtig zu füllen und auch mit dem Bauch zu atmen. Auch Kinder leiden unter Belastungen und sind häufig gestreßt. Somit verflacht ihre Atmung, wird oberflächlich und kann die einzelnen Organe nicht mit genügend Sauerstoff versorgen. Der Körper reagiert mit Unruhe, das Kind wirkt verwirrt, kann sich nicht längere Zeit konzentrieren, wirkt nervös, Informationen werden nur noch teilweise aufgenommen. Um dieser Entwicklung vorzubeugen und ihr schon in der frühen Kindheit entgegenzutreten, ist es wichtig, dem Kind spielerisch zu einer tiefen und gesunden Atmung zu verhelfen.

Atemspiele können vor und nach jedem strukturierten Angebot, aber auch einfach mal zwischendurch gemeinsam durchgeführt werden. Sie lösen Verspannungen und helfen dem Kind, sich auf bestimmte Dinge, seine Umwelt oder auf Abläufe besser zu konzentrieren. Es kommt zu Erfolgserlebnissen, die es in seiner Persönlichkeitsentwicklung stärken. Der Kindergarten ist daher ein Ort, an dem das gesunde Atmen spielerisch erlernt werden kann.

Ziel: Lockerung der Muskulatur, Förderung der Wahrnehmung und der visuellen Serialität

Schwerpunkt: Das Gleichgewicht zwischen Körper und Seele herstellen und bewußte Auseinandersetzung mit der Atmung.

Zauberkugeln

Ziel: Auflösung von Anspannung und Unkonzentriertheit, Platz machen für innere Ruhe und Aufnahmefähigkeit

Die Kinder bewegen sich frei im Raum. Die Erzieherin spricht langsam und gleichmäßig den folgenden Text:

Stellt euch vor, in diesem Raum schweben unzählige bunte Zauberkugeln. Immer wenn eine Zauberkugel direkt vor euch ist, bleibt ihr stehen und atmet sie tief durch die Nase ein. Wenn ihr mehrere Kugeln eingeatmet habt, setzt ihr euch hin und schließt die Augen. Merkt ihr, wie der Atem durch euren Körper fließt? Stellt euch nun etwas Schönes vor, z. B. einen Schmetterling, ein Eis, eine Sonnenblume.

Feder im Wind

Ziel: Schaffung von innerer Ruhe, Erhöhung der Konzentration

Die Kinder stellen sich hin, schließen die Augen. Die Erzieherin spricht folgenden Text:

Stellt euch vor, der Wind schickt euch eine weiße Feder. Sie tanzt in der Luft, direkt vor eurer Nase. Damit sie nicht zu Boden fällt, atmet ihr tief durch die Nase ein und pustet die Feder mit einem spitzen Mund wieder in die Luft. Beobachtet sie ganz genau. Immer wenn die Feder zu Boden fallen will, atmet ihr wieder durch die Nase ein und pustet sie mit einem spitzen Mund, mit viel Schwung, in die Luft.

Dieses Spiel wird mehrmals durchgeführt. Danach öffnen die Kinder ihre Augen und versuchen, ihren eigenen Atemfluß wahrzunehmen.

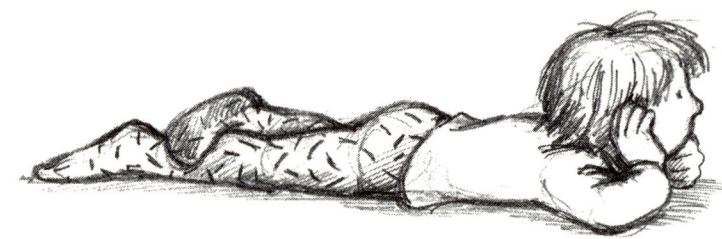

Kerzen ausblasen

Ziel: Anregung, Lockerung der Muskulatur, Zuführung neuer Energie

Die Kinder sitzen auf dem Boden und schließen ihre Augen. Die Erzieherin spricht langsam und gleichmäßig den folgenden Text:

Stellt euch einen Teller vor, auf dem viele hell leuchtende Kerzen stehen. Schaut in die hellen Flammen. Atmet dabei tief und gleichmäßig ein und aus. Sucht euch nun eine Kerze aus und versucht, sie auszublasen. Holt dazu tief Luft und blast mit vollen Wangen und aufeinanderliegenden Lippen die Luft hinaus. Blast nun alle Kerzen aus und öffnet wieder die Augen.

Stirn kühlen

Ziel: Sensibilisierung für die Atmung, Förderung von Phantasie und Konzentration

Die Kinder sitzen mit geschlossenen Augen auf dem Boden. Die Erzieherin spricht folgenden Text:

Stellt euch die riesengroße Sonne vor, die auf euch herunter scheint. Atmet langsam und ruhig ein und aus. Euch wird heiß, und der Schweiß läuft euch von der Stirn. Ihr müßt eure Stirn kühlen. Dazu holt ihr durch die Nase tief Luft, legt die Unterlippe leicht über die Oberlippe und blast den Atem in Richtung Stirn. Spürt ihr die Kühle?

Auch dieses Spiel wird mehrmals wiederholt.

Atemwäsche

Ziel: Spüren der Atmung, Konzentration auf die Atmung, spielerisches Lösen von Verspannungen

Die Kinder sitzen oder stehen und atmen ruhig und tief ein und aus. Die Erzieherin spricht langsam und gleichmäßig den folgenden Text:

Wir waschen unsere Hände mit unserem eigenen Atem. Dazu atmen wir durch die Nase tief ein, halten beide Hände in einem kleinen Abstand vor den Mund, pusten bei leicht geöffnetem Mund den Atem in die Handflächen und reiben die Hände damit ein.

Diese Wäsche wird mehrmals wiederholt.

Den Atem riechen

Ziel: Riechen und Spüren des Atems, Lockern der Brustmuskulatur

Die Kinder stehen oder sitzen und atmen ruhig und gleichmäßig ein und aus. Die Erzieherin spricht folgenden Text:

Haltet eure Hände dicht vor den Mund, atmet durch die Nase ein, pustet den Atem mit offenem Mund in die Hand, zieht ihn durch die Nase sofort wieder in euch hinein, pustet ihn aus, zieht ihn ein usw.

Das Atemriechspiel geschieht in kurzen Abständen mehrmals hintereinander.

Fauchen wie ein Leopard

Ziel: Entspannung der Gesichtsmuskulatur, Lösen von Verspannungen im Kopf, Wecken der Phantasie, Aufforderung zur Aktivität

Die Kinder stehen oder sitzen aufrecht, schließen ihre Augen und atmen tief und gleichmäßig ein und aus. Die Erzieherin spricht langsam und gleichmäßig den folgenden Text:

Stellt euch vor, ihr wäret Leoparden. Um stark zu werden, füllen sie sich mit Kraft, indem sie tief ein- und ausatmen. Auch ihr atmet jetzt mehrmals hintereinander tief durch die Nase ein und langsam aus der Nase wieder aus. Nun seid ihr stark wie Leoparden. Um eure Kraft zu zeigen, holt ihr tief durch die Nase Luft, haltet den Atem kurz an, legt die Zähne aufeinander, zeigt so ein großes Maul und stoßt die Luft durch die Zähne hindurch.

Das Fauchen kann laut oder leise geschehen. Dieses Leopardenspiel wird auch mehrmals wiederholt.

Zischen wie eine Schlange

Ziel: Entspannung, Anregung der Phantasie

Die Kinder stehen oder sitzen aufrecht. Sie schließen ihre Augen und atmen ruhig und tief ein und aus. Die Erzieherin spricht folgenden Text:

Stell dir vor, du bist eine Schlange, die auf Futtersuche ist. Du siehst eine andere Schlange und willst ihr zeigen, daß dieses dein Revier ist. Du zischt sie an. Dazu atmest du durch die Nase tief ein, hältst den Atem an, legst die Zähne aufeinander, öffnest den Mund und atmest dabei ganz langsam die Luft mit einem leisen „...sssss..." wieder aus.

Dieses Spiel wird mehrmals wiederholt.

Farben atmen

Ziel: Steuerung von Länge und Intensität der Atmung

Die Kinder stehen oder sitzen. Sie schließen die Augen und atmen ruhig und tief ein und aus. Die Erzieherin spricht langsam und gleichmäßig den folgenden Text:

Atme durch die Nase tief ein und dann durch die Nase langsam wieder aus. Dabei wird dein Atem bunt. Stell dir vor, du atmest deine Lieblingsfarbe aus.

Dieses Spiel wird mehrmals wiederholt.

Figuren und Formen pusten

Ziel: Steuerung der Atemlänge, der Technik, Schulung der Phantasie

Die Kinder stehen oder sitzen. Sie schließen die Augen und atmen ruhig und tief ein und aus. Die Erzieherin schildert folgende Szene:

Stell dir vor, du bist ein Zauberer, der beim Ausatmen lustige Figuren erzeugt. Atme dazu tief durch die Nase ein, und beim Ausatmen purzeln aus deinem Mund lustige Formen und Figuren.

Dieses Spiel wird mehrmals wiederholt.

Klein wie ein Zwerg, groß wie ein Riese, dick wie ein Bär

Ziel: Lernen des bewußten Atmens, Konzentration auf die Atmung

Die Kinder stehen. Sie schließen die Augen und atmen langsam und gleichmäßig ein und aus. Die Erzieherin spricht langsam und gleichmäßig den folgenden Text:

Atmet tief durch die Nase ein und kräftig durch die Nase wieder aus. Bei jedem Ausatmen werdet ihr ein Stückchen kleiner. Macht so lange weiter, bis ihr so klein seid wie ein Zwerg.

Atmet tief durch die Nase ein und kräftig durch die Nase wieder aus. Bei jedem Ausatmen werdet ihr ein Stückchen größer. Macht so lange weiter, bis ihr so groß seid wie ein Riese.

Atmet tief durch die Nase ein und kräftig durch die Nase wieder aus. Bei jedem Ausatmen werdet ihr ein Stückchen dicker. Macht so lange weiter, bis ihr so dick seid wie ein Bär.

3.6 Spiele aus dem Bereich des Yoga

Yoga ist eine Entspannungsmethode, deren Ursprungsland Indien ist. Sie soll, wie viele andere Entspannungsmethoden auch, dem streßgeplagten Menschen helfen, sich wieder zu erholen. Eine bewußte, gezielt durchgeführte Körperhaltung und eine richtige Atmung tragen dazu bei, daß der Mensch sich harmonisiert, ausgeglichener, entspannter und somit wieder aufnahmefähiger wird. Yogaübungen stärken die Konzentration, trainieren die Körperbewegung und die Fähigkeit der visuellen Wahrnehmung, sie stärken das Selbstbewußtsein und schulen Ausdauer, Geduld und statisches Gleichgewicht. Durch Yoga wird der Körper mit neuer Kraft versorgt. Da Yoga keinen Leistungsdruck und kein Versagen kennt, machen die Übungen viel Spaß. Jeder kleine Yogi spürt schon nach kurzer Zeit den Erfolg. Sein Wohlbefinden wächst, sein Körper ist energievoller, die Belastbarkeit ist größer, die Beweglichkeit nimmt zu, und die geistige Aktivität steigert sich. Die Wahrnehmungsfähigkeit verbessert sich, und das Kind kann in seiner Entwicklung an Körper und Geist ungehindert reifen.

Hinweis: Die Übungen sollten mit Kindern ab 5 Jahren durchgeführt werden, da sie erst in diesem Alter fähig sind, die einzelnen Übungen richtig durchzuführen.
Alle Übungen sollten barfuß durchgeführt werden, um ein besseres Körpergefühl und einen sicheren Bodenkontakt zu bekommen.

Ziel: Stärkung des Selbstbewußtseins, Förderung der Ausdauer, der Konzentration und der visuellen Wahrnehmung, Schulung der Motorik und der Atmung, Förderung des statischen Gleichgewichts

Hinweis: Bei diesen Spielangeboten sollten die Kinder mit einer bequemen Kleidung ausgestattet sein, da sie sonst die einzelnen Übungen nicht korrekt durchführen können. Nackte Füße geben den Übenden einen sicheren Stand. Jedes Kind sollte eine eigene Turnmatte, ein Kissen oder eine Filzmatte haben.

Einstiegsübung: Die HA-Atmung

Ziel: Förderung der Konzentration, Lösung von Verkrampfungen und Schulung der visuellen Serialität

Die Kinder stehen aufrecht und mit gegrätschten Beinen auf der Matte. Beim Einatmen strecken sie die Arme so weit es geht nach oben. Mit einem lauten „Ha!" lassen sie die Arme nach unten fallen und atmen dabei aus. Die Arme pendeln aus. In dieser Haltung atmen sie dreimal ein und aus. Beim vierten Mal Einatmen strecken sich die Kinder wieder in die Höhe, und der Ablauf beginnt erneut wie beschrieben.

Kinderbaum

Ziel: Schulung der mentalen Fähigkeit und Stärkung der Wirbelsäule, des Hüftgelenks und der Schulterblätter, Stärkung des Gleichgewichts, der Motorik und der visuellen Serialität

Die Kinder stehen aufrecht mit geschlossenen Beinen auf einer Matte. Sie bilden den Baumstamm. Nun konzentrieren sie sich auf ihre Füße und auf das Gewicht, mit dem sie fest auf der Matte stehen. Sie verbinden sich mit der Erde durch starke, feste Wurzeln wie ein Baum. Dieser Baum nimmt seine Nahrung durch die Wurzeln auf. Langsam heben sich die Zweige und Äste *(Arme)*, bis sie ganz gestreckt sind. Fest und sicher steht der Baum nun in der Erde. Der Wind weht, und die Äste und Zweige bewegen sich leicht hin und her *(Arme pendeln leicht hin und her)*. Der Wind wird zum Sturm. Der ganze Baum biegt sich zur einen Seite und zur anderen Seite *(der Oberkörper bewegt sich hin und her)*. Der Sturm legt sich. Nur noch ein leichter Wind weht, die Äste und Zweige tanzen im Wind *(Arme pendeln leicht hin und her)*. Nun ist es windstill, und die Sonne scheint *(die Kinder stehen ganz still)*. Der Baum nimmt die Wärme der Sonne auf *(die Kinder atmen tief ein und aus)*.

Der Hahn

Ziel: Stärkung der mentalen Fähigkeit, Schulung der Motorik und der visuellen Serialität, Stärkung der Schulterblätter

Die Kinder stehen aufrecht und mit gestrecktem Körper auf der Matte. Der Rücken ist gerade wie ein Stock, der Blick geht geradeaus. Nun heben die Kinder ihre Arme seitlich hoch. Dabei werden die Fingerspitzen gestreckt und so weit wie möglich vom Körper gehalten. In dieser Stellung holen sie mehrmals tief Luft. Bei dieser Atemübung kann auch gekräht werden. Zum Schluß werden die Arme wie Flügel mehrmals auf und ab geschlagen.

Der Berg

Ziel: Schulung der Beweglichkeit, der Konzentration, der visuellen Serialität und der Atmung

Die Kinder stehen aufrecht mit gekreuzten Beinen auf der Matte. Sie konzentrieren sich auf ihre Zehenspitzen und nehmen bewußt den einen und den anderen Fuß wahr. Die Kinder stehen sicher auf der Matte, das Gewicht ist gleichmäßig auf beide Füße verteilt. Nun wird ein paarmal ein- und ausgeatmet. Die Kinder beugen sich nach vorne und versuchen, mit den Fingerspitzen die Fußspitzen zu erreichen. Die rechte Hand berührt den linken Fuß und die linke Hand den rechten Fuß. Zwischendurch steht man immer wieder gerade und konzentriert sich erneut auf die Übung.

Der Frosch

Ziel: Stärkung des Gleichgewichts, der visuellen Serialität, Lösung von Verkrampfungen im Atembereich, Stärkung der Bein- und Hüftmuskulatur und der Konzentration

Die Kinder gehen mit gegrätschten Beinen in die Hocke und stützen sich dabei zuerst mit den Händen am Boden ab. Dadurch behalten sie das Gleichgewicht. Die Fußsohlen berühren ganz den Boden. Sobald der Körper den richtigen Stand hat, nehmen die Kinder die Hände vom Boden und legen sie vor der Brust übereinander. Der Kopf wird gehoben und der Blick richtet sich nach vorn.

Schütteln

Ziel: Lockerung des gesamten Körpers, Abschütteln von Streß, Konzentrationsförderung, Entwicklung von Freude

Die Kinder stellen sich gerade hin und lassen die Arme locker hängen. Nun wird der ganze Körper, Arme, Kopf, Beine, Bauch, Hände locker ausgeschüttelt. Den Körper in Ruhestellung bringen und erneut schütteln.

Bauchtanz

Ziel: Rhythmisierung der Körperbewegungen, Förderung der Konzentration, Lockerung der Hüftmuskulatur, Entwicklung von Spaß

Die Kinder stehen gerade und legen ihre Hände in die Taille. Nun kreisen sie mit der Hüfte, bleiben jedoch mit den Füßen stehen. Oberkörper und Kopf werden ruhig gehalten. Diese Übung wird mehrmals links- und rechtsherum wiederholt.

Schaukelpferd

Ziel: Verbesserung der Beweglichkeit, Stärkung der Atmung und der Konzentration

Die Kinder liegen auf dem Bauch und heben Arme und Hände sowie Beine und Füße an. Danach atmen sie tief ein und schaukeln mit erhobenem Kopf vor und zurück. Dabei berühren die Arme und Beine jeweils abwechselnd den Boden.

Vogel

Ziel: Stärkung der vestibulären Wahrnehmung, Erhöhung der Selbstsicherheit, Schulung der Konzentration und der Grobmotorik

Die Kinder balancieren auf ihren Zehenspitzen und recken den Kopf dabei nach vorn. Die Arme werden dabei weit nach hinten gestreckt. Dann stehen die Kinder wieder entspannt auf dem ganzen Fuß, und die Arme hängen neben dem Körper.

Holzhacker

Ziel: Ableitung überschüssiger Energie, Streckung der Wirbelsäule, Förderung der Atmung, Schulung der Grobmotorik

Die Kinder stehen mit gegrätschten Beinen fest auf dem Boden, die Knie sind durchgedrückt, die Hände werden gefaltet hoch über den Kopf gehalten. Nun beugen sie sich weit zurück, atmen dabei tief ein und schwingen dann die Arme weit nach vorne, zwischen den Beinen hindurch, und atmen aus (mehrmaliges Wiederholen).

Partnerspiele

Die Kopfwäsche

Ziel: Beruhigung und Entspannung, Verbesserung des Sozialkontakts, Verbesserung der taktil-kinästhetischen Wahrnehmung, der Konzentration auf den Partner und der visuomotorischen Koordination

Die Kinder sind zu zweit auf einer Matte. Ein Kind sitzt im Schneidersitz gerade auf der Matte. Es legt seine Hände auf die Knie. Das andere Kind kniet aufrecht hinter seinem Partner und legt seine Hände auf dessen Kopf. Mit kreisenden Bewegungen wäscht es nun den Kopf des sitzenden Kindes. Nach einer gewissen Zeit ist Partnertausch.

Körpertrommel

Ziel: Verbesserung des Sozialkontakts, der taktil-kinästhetischen Wahrnehmung und der visuomotorischen Koordination, Lockerung der Rückenmuskulatur, Förderung der Entspannung, Erhöhung des Wohlbefindens

Die Kinder sitzen paarweise auf der Matte. Ein Kind sitzt im Schneidersitz und beugt seinen Kopf so weit nach vorn, daß der Rücken gekrümmt ist. Die Hände werden auf die Knie gelegt. Das andere Kind kniet dahinter und klopft mit geballten Fäusten ganz sacht und locker auf den Rücken des sitzenden Kindes. Dabei fängt es an den Schultern an und geht langsam hinunter zu den Hüften. Nach einiger Zeit ist Partnertausch.

3.7 Spiele in der Stille

Die Stille erleben, sich in ihr verlieren, sie genießen, sie aufnehmen, sie akzeptieren, sich für die Stille Zeit nehmen, sie mit anderen teilen usw. sind Verhaltensweisen, die die Kinder heute teilweise verlernt haben. In unserem Tagesablauf ist für Stille kein Platz mehr. Still sein wird leicht mit Langeweile verwechselt, und die will niemand akzeptieren. In der Stille die Entspannung spüren, aber auch die Anspannung zulassen, Geräusche wahrnehmen und ganz neue Erfahrungen machen, ist jedoch sehr spannend und hilft Kindern, sich abseits der Unruhe neu zu entdecken. Oftmals verweilen die Kinder an der Oberfläche des Daseins und erleben sich selten tiefer und inniger. Das kann dazu führen, daß ihre Sinne verkümmern und ihre Sicht- und Lebensweisen einseitig ausgebildet werden. Die Kinder bekommen Schwierigkeiten im sozialen Kontakt und lernen es nicht, miteinander zu leben.

Daher besteht eine wichtige Aufgabe der Erzieherin darin, dem Kind so oft es möglich ist Momente und Orte der Stille anzubieten, um dem Kind die Möglichkeit zu geben, die Stille und ruhige Augenblicke wiederzuentdecken. Sich gemeinsam in der Stille zu bewegen bedeutet, sich der Stille zuzuwenden und Menschen, Dinge, Handlungen anzunehmen. Die Stille gemeinsam erleben wird schon nach kurzer Zeit zu einem angenehmen Erlebnis, auf das die Kinder schon bald nicht mehr verzichten wollen. Sich Raum und Zeit lassen für die Stille bedeutet dann wieder: sie annehmen, sie genießen, sie akzeptieren und sie lieben lernen.

Ziel: Wecken der Sinne, Förderung der visuellen und taktilen Wahrnehmung, Schulung des Sozialverhaltens

Hinweis: Diese Spiele können vor oder nach strukturierten Angeboten mit Kindern gemacht werden.

Das Lichtspiel

Ziel: Die visuelle Wahrnehmung der Kinder wird gefördert. Sie setzen sich mit der Stille auseinander und treffen selbst Entscheidungen.

Die Kinder sitzen auf einem Stuhl oder auf einer Sitzmatte. In der Kreismitte steht eine Kerze. Der Raum ist etwas verdunkelt. Die Kinder schauen in aller Stille in die Kerze und beobachten das Tanzen der Flamme. Sie betrachten die Flamme so lange sie möchten, schließen dann die Augen und nehmen das Licht und die Stille noch einmal bewußt wahr. Wann das einzelne Kind die Augen wieder öffnet, entscheidet es selbst.

Stilles Wecken

Ziel: Durch dieses Spiel lernen die Kinder abzuwarten, Angenehmes oder Unangenehmes zuzulassen, Spannung zu ertragen.

Die Kinder sitzen wie im vorhergehenden Spiel beschrieben und schließen die Augen. Sie hören und spüren in die Stille hinein. Die Erzieherin berührt sie nach einer Zeit sanft mit einer Feder. Nach dieser Berührung öffnen sie wieder die Augen.

Der stille Schatten

Ziel: Die Kinder lernen, sich mit geschlossenen Augen auf etwas zu konzentrieren. Sie lernen, andere Menschen ohne Berührung wahrzunehmen.

Alle Kinder sitzen auf dem Stuhl oder stehen. Sie schließen die Augen. Die Erzieherin geht leise zu einem Kind, stellt sich, ohne es zu berühren, sehr nahe vor es und wartet ab. Das Kind öffnet, sobald es den Schatten wahrnimmt, die Augen und stellt sich leise vor ein anderes Kind. Das Spiel ist beendet, wenn alle einmal den Schatten gespielt haben.

Stummes Zwinkern

Ziel: Die Kinder lernen, sich auf den anderen zu konzentrieren, ihn wahrzunehmen. Ein Spiel in der Stille zu erleben, erhöht die Spannung und fördert die Reaktion.

Die Kinder stehen oder sitzen im Kreis. Sie schauen sich alle bewußt an. Die Erzieherin zwinkert einem Kind mit den Augen zu. Sie tauschen nun untereinander den Platz. Dieses Kind zwinkert nun einem anderen Kind zu, tauscht mit ihm den Platz usw. Das Spiel ist beendet, wenn alle einmal den Platz gewechselt haben.

Variation: Die Spieler nicken sich gegenseitig zu.

Die Sonnendusche

Ziel: Die Konzentration der Kinder wird geschult, die taktile Wahrnehmung gefördert. Die Kinder lassen Gefühle und Körperkontakte zu.

Die Kinder sitzen wie im vorhergehenden Spiel beschrieben und schließen die Augen. Sie lauschen in die Stille. Sie stellen sich vor, in der Sonne zu sitzen. Sie duschen ihren Körper in den Sonnenstrahlen. Die Erzieherin geht zu jedem Kind, setzt die Fingerspitzen der rechten und linken Hand leicht auf den Kopf, öffnet sanft die Finger und zieht sie langsam hinunter, berührt dabei leicht die Schultern und die Arme und läßt die Bewegung am Unterarm ausfließen.

Die wärmende Kerze

Ziel: Die Kinder lernen durch intensive Berührung ihre eigenen Körperteile kennen. Sie nehmen sie bewußt wahr und verlieren die Scheu vor sich selbst. Durch das Gespräch gewinnen sie Sprechsicherheit.

Die Kinder betrachten eine in der Mitte stehende Kerze. Nach einer kurzen Zeit holen sie sich mit ihren Händen Wärme von der Kerze und „cremen" ihren Körper Stück für Stück ein. Sie nehmen so viel Wärme, bis ihr ganzer Körper „eingecremt" ist. Dann setzen sie sich und bleiben mit geschlossenen Augen still sitzen. Sie spüren die

Wärme, die ihren Körper umgibt. Nach diesem Spiel können die Kinder ihre Gefühle verbalisieren.

Brennender Ärger

Ziel: Die Kinder sollen sich mit diesem Spiel noch einmal gedanklich mit Streit, Ärger oder allem Negativen auseinandersetzen, um so ihre Probleme besser verarbeiten zu können. Sie üben sich in der Erinnerung und erleben gemeinsam ein Ritual.

Jedes Kind sitzt wie im vorhergehenden Spiel beschrieben auf einer Decke. Sie schließen die Augen und lassen in vollkommener Stille ihre Gedanken spielen. Dabei lassen sie den Tag mit seinen schönen, aber auch schlechten Ereignissen noch einmal an sich vorbeiziehen. Streit, Wut und Ärger werden noch einmal ins Bewußtsein gerufen. Nachdem sie wieder die Augen geöffnet haben, schreiben sie mit dem Zauberstift (eigener Finger) in Zauberschrift alle schlechten Erlebnisse auf einen Zettel. Anschließend werden die Zettel in einen Blechtopf gelegt und gemeinsam in aller Stille verbrannt.

Variation: Auf diese Weise können auch Wünsche in die Welt geschickt werden.

Sprechende Kerze

Ziel: Die Kinder lernen es, ein anderes Kind bewußt wahrzunehmen, es anzuschauen und ihm etwas vielleicht Ungewohntes zu sagen. Sie üben sich in der visuellen Konzentration und in der Sprechsicherheit. Auch hier wird das gemeinsam Erlebte ritualisiert.

Die Kinder sitzen wie im vorhergehenden Spiel beschrieben und schauen still in eine Kerze, die in der Mitte steht. Sie überlegen dabei, wem sie die Kerze bringen und dabei etwas Nettes sagen wollen. Nach einer Zeit der Besinnung bzw. Stille beginnt die Erzieherin mit dem Spiel. Sie nimmt die Kerze, trägt sie zu einem Kind und sagt ihm etwas Nettes, z. B. „Schön, daß du da bist!" oder „Nett, dich zu sehen". Dann nimmt das Kind die Kerze, trägt sie zu einem anderen Kind und sagt auch ihm etwas Nettes usw. Haben alle Kinder über die Kerze einem anderen Kind etwas Nettes gesagt, wird sie wieder in die Mitte gestellt.

4 Angebote zur spielerischen Förderung der Wahrnehmungs-fähigkeit

Das Aufnehmen und Verarbeiten von Reizen über die verschiedenen Sinnesorgane wird als „Wahrnehmung" verstanden. Um die Orientierung in der Umwelt zu ermöglichen, ist es notwendig, die Sinnesreize zu differenzieren, d.h., wichtige Informationen von unwichtigen zu unterscheiden. „Die Sinnesreize und die Umwelteindrücke müssen erkannt, interpretiert, einander zugeordnet und behalten werden."[2] Dies wird in der Fachliteratur als „Sensorische Integration" bezeichnet. Obwohl die meisten Menschen mit durchschnittlich guten Fähigkeiten zur Wahrnehmung ausgestattet sind, muß diese Grundfähigkeit vor allem bei Kindern durch beständige Anpassung an Situationen, Dinge und Anforderungen geübt werden.

Die Förderung der Wahrnehmungsfähigkeit ist allerdings nicht mit starren Lernprogrammen im Sinne eines „Trimm dich" für die Sinne zu erreichen. Am wirksamsten sind sensorische Erfahrungen dann, wenn Kinder selbst aktiv werden können. Bewegungsspiele erweitern den Erfahrungshorizont im Hinblick auf vestibuläre, kinästhetische und taktile Wahrnehmung, ohne daß Kindern dieses bewußt wird und ohne daß sie hierbei gezielt angeleitet werden müssen.[3]

Eine differenzierte Wahrnehmungsfähigkeit stellt die beste Voraussetzung für den Erwerb der Sprache dar. Je intensiver die Umwelt vom Kind mit allen Sinnen entdeckt werden kann, um so besser kann es diese begrifflich einordnen und sprachlich über sie verfügen. Auch pantomimische und gestische Spiele können die Sprachentwicklung

---

[2] Renate Zimmer: Handbuch der Bewegungserziehung. Didaktisch-methodische Grundlagen und Ideen für die Praxis, Freiburg, Basel, Wien, 5. Auflage 1996, S. 64.
[3] Vgl. ebenda, S. 67.

von Kindern verbessern. „Manche Sprachauffälligkeiten sind entwicklungsbedingt und bedürfen keiner besonderen therapeutischen Behandlung. Oft hilft bereits das sprachliche Vorbild der Eltern, der Erzieherin oder anderer Kinder, damit das Kind im Laufe der Zeit das ‚richtige' Sprechen lernt."[4]

Die vorherrschende Form kindlicher Betätigung im Kleinkind- und Kindergartenalter ist das Spiel. Hierbei lernt das Kind, indem es die Umwelt erkundet, sich aktiv mit ihr auseinandersetzt (welche spezifischen Eigenschaften hat der Stein?); es kann sich im Spiel aber auch von der Umwelt lösen, sich zurückziehen (der Stein wird zum Käfer). Mit fortschreitendem Alter muß das Kind nicht immer alles in der Realität ausprobieren, sondern kann das Ergebnis seiner Handlung auch innerlich vorwegnehmen. Vor allem im darstellenden Spiel lassen sich die kindliche Vorstellungsfähigkeit und Phantasie sowohl nutzen als auch fördern.

Im Kindergarten bieten Sie, die Erzieherin, den Kindern tägliche Turnspiele, rhythmische Spiele und Verklanglichungen an oder machen Bastelangebote und betreiben dabei schon, ohne daß es Ihnen vielleicht bewußt ist, intensive Wahrnehmungsförderung. Ich möchte Ihnen in diesem Kapitel zeigen, daß gut vorbereitete und durchgeführte Angebote vieles in der kindlichen Entwicklung und Wahrnehmungsförderung bewirken können. Die täglichen Angebote helfen dem Kind, mit seinen Schwächen umzugehen, sie zuzulassen, sie anzunehmen, aber auch, diese abzubauen. Es lohnt sich, jedes Angebot unter bestimmten Zielsetzungen zu durchdenken und zu planen; denn dadurch unterstützen Sie das Kind in seiner gesamten Entwicklung, und Ihre Arbeit dient nicht nur dazu, den Kindern spielerisch die Zeit zu vertreiben.

---

[4] Vgl. ebenda, S. 83.

4.1 Turn-, Spiel- und Rhythmikangebote

Das Turn- und Bewegungsangebot spricht viele Bereiche in der Wahrnehmungsentwicklung an. So werden spielerisch u. a. Gleichgewichts-, Tast- und Berührungssinn, die akustische und visuelle Raumwahrnehmung, die Seitigkeit und das Körperschema angesprochen und gefestigt. Durch ein kindgerechtes und interessantes Turn-, Spiel- und Bewegungsangebot bekommt das Kind Freude an der Bewegung und wird so in seiner ganzheitlichen Entwicklung unterstützt.

Über die Bewegung lernt das Kind; es erobert sich seinen Lebensraum, lernt sich mit seinen Fähigkeiten, Grenzen und Ängsten kennen, übt sich im Umgang miteinander, lernt Regeln zu akzeptieren und umzusetzen und baut soziale Kontakte auf.

Bewegungsmangel gilt als eine wesentliche Ursache von gesundheitlichen Störungen. Fehlt dem Kind die Bewegungserfahrung, so kann sich sein Selbstwertgefühl nicht festigen und es bekommt Schwierigkeiten, sich in seiner Umwelt zurechtzufinden. Um dem Bewegungsdrang des Kindes freien Raum zu geben, ist es wichtig, ihm ein möglichst umfangreiches Bewegungsangebot anzubieten. Dazu gehört nicht nur die Bewegungsbaustelle, sondern auch das geplante Bewegungs-, Turn- und Spielangebot. Hierbei kann die Erzieherin das Kind beobachten, Bewegungsunsicherheiten erkennen und gezielt Hilfen anbieten.

Durch das Spiel in all seinen Formen erweitert das Kind seine Erlebniswelt. Es lernt, Handlungen und Regeln auf spielerische Weise zu begreifen, setzt sich mit Abläufen auseinander und lernt, sie zu beherrschen. Das Spiel zeigt dem Kind Wege auf, sich immer wieder neu zu entdecken, neu zu erleben und neu zu erfahren. Die visuelle, auditive und die taktile Wahrnehmung, die Motorik, die Gesprächsbereitschaft werden gefördert. Spielerisch stärkt das Kind seine Selbstsicherheit. Je umfangreicher und interessanter das Spielangebot ist, um so größer ist für das Kind die Chance, seine Persönlichkeitsentwicklung zu unterstützen.

Rhythmik ist ein wichtiger Baustein für die Entwicklung des Kindes und aus den Tageseinrichtungen für Kinder nicht mehr wegzudenken. Sie unterstützt das Kind in seiner sozialen, motorischen, emotionalen und kognitiven Entwicklung. Auch sie orientiert sich an einem der Grundbedürfnisse des Menschen, an der Bewegung. Die wesentlichen Hilfsmittel sind Sprache und Musik, die mit unterschiedlichen Materialien angeboten werden. Das Kind erlebt in der Gemeinschaft eine angenehme Akzeptanz, die dazu führt, daß es sich angstfrei bewegen und somit angstfrei erleben kann. Es übt sich in der Grob- und Feinmotorik, entwickelt Körperbewußtsein, übt sich in der Koordination und der Geschicklichkeit, schult sich in der taktilen, visuellen und akustischen Wahrnehmung. Es erfährt und erlebt Entspannung und Kreativität und festigt seine Raumwahrnehmung. Je regelmäßiger das Kind rhythmisch-musikalische Impulse bekommt, um so intensiver erlebt es, wie Kreativität sein Denken und Handeln positiv beeinflußt.

TURNANGEBOTE

Turnspiele mit Schaumstoffteilen

Ziel: Förderung der taktilen und visuellen Wahrnehmung, Erweiterung der Sozialerfahrung, Schulung der Bewegungskoordination und der Reaktionsfähigkeit

Kinderzahl:	ca. 10
Alter:	ab 4 Jahre
Dauer:	30–40 Minuten
Material:	– Tamburin
	– viele verschieden große und dicke Schaumstoffteile wie Würfel, Rollen, Rechtecke, Dreiecke usw.
	– eine lange Schnur
	– ein Bettuch und Wäscheklammern
	– zwei große Kartons
	– eine Decke
	– zwei Bänke
	– für jedes Kind ein Ball

Ablauf: Nachdem die Kinder ihr Turnzeug angezogen haben, setzen sie sich auf eine Decke. Dort werden zwei oder drei Yogaübungen durchgeführt, um die Konzentration der Kinder für die kommenden Spiele zu erhöhen.

Danach wird ein Karton auf die Decke geholt. Jedes Kind kann hineingreifen und sich ein Schaumstoffteil herausnehmen. Durch verschiedene Laufspiele mit den Schaumstoffteilen sammeln die Kinder Materialerfahrung und entwickeln ein Gefühl für die Raumgröße.

Spielbeispiele:

Lauf mit Hindernissen

Die Kinder laufen mit dem Schaumstoffteil auf der flachen Hand, auf dem Kopf, zwischen den Beinen nach Taktvorgabe durch das Tamburin vorwärts oder rückwärts durch den Raum. Bei einem festen Schlag setzen sie sich auf ihr Schaumstoffteil, werfen es in die Luft und fangen es auf, laufen in eine Ecke, werfen es in den Karton usw.

Reagiere schnell

Die Schaumstoffteile werden im Raum verteilt auf den Boden gelegt. Die Kinder bewegen sich nach Taktvorgabe im Raum. Bei einem festen Schlag laufen sie zu ihrem Schaumstoffteil oder zu einem anderen Dreieck, einer Rolle, einem Würfel usw.

65

Die rettende Insel

Die Kinder legen ihre Schaumstoffteile zu einer Insel zusammen und bewegen sich gemeinsam nach Taktvorgabe durch das Tamburin im Raum. Beim festen Schlag retten sie sich auf die Insel.

Gefährliche Flußüberquerung

Zwei Bänke werden in großem Abstand voneinander aufgestellt. Sie bilden die Flußufer. Die Schaumstoffteile werden mit einem kleinen Abstand in eine Reihe gelegt. Sie stellen Steine dar, die in dem Fluß liegen. Die Kinder überqueren den Fluß, indem sie auf die Schaumstoffteile treten. Dabei müssen sie auf ihr Gleichgewicht achten und versuchen, nicht in den Fluß zu fallen.

Frühjahrsputz

Die Bänke werden in der Mitte des Raumes zusammengestellt. Die Schaumstoffteile sind auf beiden Seiten verteilt. Es sind Blätter und Zweige, die in einem Garten liegen. Die Kinder verteilen sich gleichmäßig auf beide Seiten. Sie sind Gärtner, die ihren Garten von den Blättern befreien und sie über die Mauer werfen. Auf ein Signal hin (Tamburinschlag) werfen beide Gruppen ihre Blätter, so schnell es geht, über die Mauer. Ertönt das Signal erneut, beenden sie ihren Frühjahrsputz. Wieviel Blätter hat jede Gruppe in ihrem Garten?

Variationen: 1. Ein Seil wird auf die Erde gelegt, und die Schaumstoffteile werden darüber geschossen.
2. Die Mauer wird erhöht. Dazu wird ein Seil gespannt und ein Betttuch mit Wäscheklammern aufgehängt. Nun werden wieder die Steine auf ein Signal hin über die Mauer geworfen.

Päckchen packen

Zwei Mannschaften werden gebildet. Jede Mannschaft bekommt einen Karton. Ein Kind ist der Packer. Jedes Kind hat ein Schaumstoffteil. Dem Packer werden die Teile zugeworfen. Er muß sie fangen und in den Karton legen. Die Teile, die er nicht gefangen hat, bleiben liegen.

Die Turmbauer

Die Kinder werden in zwei Mannschaften aufgeteilt. Jede Mannschaft versucht, mit den Schaumstoffteilen einen Turm zu bauen. Fällt er um, beginnen sie von neuem. Welche Mannschaft hat zuerst alle Teile verbaut?

Abschlußspiele

Schaumstoffkegeln

Alle Teile werden zu einem großen Gebilde zusammengebaut. Jeder kann versuchen, mit einem Ball das Gebilde umzuwerfen. Steht kein Teil mehr auf einem anderen, kann ein neues Gebilde errichtet werden.

Zielwerfen

Die Schaumstoffteile werden auf einer Bank zu einem Gebilde zusammengebaut. Nun wird es mit dem Ball zerstört. Das Spiel wird wiederholt, wenn sich kein Teil mehr auf der Bank befindet.

Turnspiele mit Matratzen

Ziel: Förderung der Grobmotorik, der Bewegungskoordination, der vestibulären Wahrnehmung, der visuellen Wahrnehmung, der Selbstsicherheit

Kinderzahl: 8–10
Alter: ab 3 Jahre
Dauer: 30–40 Minuten
Material: – für jedes Kind eine Matratze
– ein Tamburin
– Tücher, Decken oder Bettücher
– bunte Farbkarten

Hinweis: Für dieses Turnangebot wird für jedes Kind eine Matratze benötigt. Diese können über eine Sammelaktion von den Eltern besorgt und mit einem schönen Bezug in Spielmatratzen verwandelt werden.

Spielvorschläge:

Hinweis: Nachdem die Kinder sich nach verschiedenen Tamburinsignalen warm gelaufen haben, kann sich jedes Kind eine Spielmatratze holen. Wenn die Bezüge der Matratzen einfarbig und vielleicht sogar aus unterschiedlichen Stoffen sind, können sie gut für Farborientierungs- und Wahrnehmungsspiele eingesetzt werden.

Freies Bewegungsspiel

Nachdem jedes Kind auf seiner Spielmatratze Platz genommen, ihre Größe, ihre Beschaffenheit, ihre Weichheit wahrgenommen hat und sich auf ihr sicher und wohl fühlt, können einige Farborientierungsspiele gemacht werden.

Zunächst zeigt die Erzieherin Farbkarten in Matratzenfarben. Sie signalisieren den entsprechenden Kindern, wann sie sich frei im Raum bewegen können. Diese Karten werden mehrmals gewechselt; die Kinder müssen den Veränderungen konzentriert folgen.

Danach werden zwei oder sogar drei unterschiedliche Farbkarten auf einmal gezeigt.

Laufspiel „Gesucht wird der Matratzenkönig"

Alle Farbkarten werden gezeigt. Sobald die Erzieherin die Karten hinter dem Rücken verschwinden läßt, laufen die Kinder auf ihre Matratze. Das Kind, welches zuletzt seine Matratze erreicht hat, macht eine Spielpause und bleibt auf der Matratze sitzen. Welches Kind bleibt übrig und ist der Matratzenkönig?

Viele bunte Hüpfsteine

Die Matratzen liegen in unterschiedlichen Abständen im Raum verteilt. Die Kinder hüpfen von einer Matratze zur nächsten.

Matratzenlaufstraße
Die Matratzen werden aneinander gelegt, und die Kinder rennen in einem schnellen Tempo über die Straße.

Variation: Die Laufstraße wird zur Krabbelstraße, zur Purzelbaumstraße, zur Kullerstraße.

Matratzenberg
Die Kinder bauen gemeinsam unterschiedlich hohe Berge, indem sie Matratzen aufeinander stapeln, diese erklimmen und hinunterspringen.

Matratzentunnel
Die Kinder bauen mit ihren Matratzen und den Tüchern einen Tunnel und kriechen hindurch.

Matratzengebilde
Die Kinder bauen mit ihren Matratzen immer wieder neue Gebilde. Dabei kennt ihre Phantasie keine Grenzen. Einzige Bedingung: Jede Matratze muß eine andere berühren.

Matratzentrampolin
Alle Matratzen werden zusammengelegt. Die Kinder können wie auf Trampolins darauf hüpfen. Gegebenenfalls können auch jeweils zwei übereinander gelegt werden.

SPIELANGEBOTE

Kunterbunte Spiele aus dem Zauberhut

Ziel: Förderung der Grobmotorik (der Bewegungsschnelligkeit), der Reaktionsfähigkeit, der allgemeinen Geschicklichkeit, von Spaß und Freude an gemeinsamen Erlebnissen, Förderung des Sozialverhaltens, Förderung der visuellen und auditiven Wahrnehmung, der visuellen Serialität

Kinderzahl: 10–12
Alter: ab 4 Jahre
Dauer: 30–40 Minuten
Material:
- ein Zylinder
- Spielzettel
- ein großer Zettel mit den Worten des Zauberers
- ein Briefumschlag mit einem roten Punkt (darin ist die Versteckbeschreibung enthalten)
- eine Krone aus gelbem Papier (oder Goldpapier)
- eine Decke
- ein Glöckchen
- ein großes Seil
- 10–12 Reifen
- 10–12 Fußgymnastikstäbe
- ein Tamburin
- eine Augenbinde
- eine Turnbank

Raum-
vorbereitung: Eine große Decke wird in einer Raumecke ausgebreitet und das Material griffbereit gelegt. Eine Krone aus gelbem Papier wird im Raum versteckt.

Ablauf: Dieses Angebot wird im Gymnastikraum mit entsprechender Turnbekleidung gemacht, damit die Kinder sich nicht durch Raum oder Kleidung in ihrer Bewegungsfreiheit eingeengt fühlen.

Die Kinder setzen sich auf die Decke. Dort werden ein oder zwei kleine Stilleübungen gemacht, mit denen sich die Kinder auf die anderen Angebote einstimmen können.

Die Erzieherin erklärt den Kindern mit Hilfe einer kleinen Geschichte den Ablauf des Angebotes.

Im Kinderland wohnt der Spielkönig. Er wird von allen so genannt, weil er schrecklich gerne spielt. Manchmal spielt er allein, aber am liebsten mit vielen, vielen anderen Kindern. Doch an einem wunderschönen Tag, als der Spielkönig mal wieder mit vielen Kindern in seinem Schloßhof gespielt hat, hat er irgendwo im Schloßgarten seine Krone verloren. Aber wo, das weiß er nicht mehr. Oder hat der Zauberer die Krone gestohlen? Seitdem ist der König traurig und hat gar keine Lust mehr zu spielen. Jetzt müssen die Kinder allein spielen.

Eines Tages finden die Kinder einen Zauberhut. In dem liegen ein Brief und viele bunte Zettel *(Erzieherin holt den Beutel)*. Auf einem großen weißen Zettel steht *(Erzieherin liest vor)*: Ich habe die Krone und nenne euch erst das Versteck, wenn ihr, noch bevor die Sonne untergeht, alle Spiele, die ihr im Zauberhut findet, gespielt habt. Erst dann dürft ihr den Briefumschlag mit dem roten Punkt öffnen, und ihr findet die Krone.

Doch in dem Zauberhut sind unendlich viele Spiele, und die Kinder sind müde. Sie können nicht mehr spielen. Wir wollen ihnen bei den letzten Spielen helfen, damit der König seine Krone, noch bevor die Sonne untergeht, zurückbekommt.

Hinweis: Nach jedem Spiel wird ein neuer Spielzettel gezogen. Zum Schluß kann der Briefumschlag geöffnet werden.

Warmlaufspiel

Zunächst bewegen sich die Kinder frei im Raum. Auf ein Signal hin verändern sie die Laufrichtung oder bleiben stehen, legen sich hin oder springen auf eine Bank.

Variation A
1 x pfeifen = stehen bleiben
2 x pfeifen = hinlegen
3 x pfeifen = auf eine Bank setzen

Variation B
bei dem Wort Feuer = in eine Raumecke laufen
bei dem Wort Wasser = auf eine Bank stellen
bei dem Wort Wind = auf die Erde legen

Variation C
Hält der Spielführer die Hände in die Luft = stehen bleiben
Hält der Spielführer beide Arme auseinander = hinlegen
Streckt der Spielführer einen Arm aus = auf die Bank stellen

Variation D
1 x pfeifen = auf einem Bein hüpfen
2 x pfeifen = krabbeln
3 x pfeifen = gehen wie ein Riese

Spielbeispiele (mündlich überliefert):

Fischer, Fischer, wie tief ist das Wasser?

Die Kinder stehen in einer Reihe am Ende des Raumes. Ein Kind ist der Fischer. Es steht am anderen Ende des Raumes. In der Mitte ist das Wasser. Die Kinder müssen nun zum anderen Ufer gelangen und rufen: „Fischer, Fischer, wie tief ist das Wasser?" Der Fischer antwortet z. B.: „100 Meter tief." Die Kinder rufen: „Wie kommen wir herüber?" Der Fischer antwortet z. B.: „Ihr müßt auf einem Bein hüpfen." Nun hüpfen die Kinder und der Fischer los. Die Kinder müssen versuchen, das andere Ufer zu erreichen, und der Fischer muß versuchen, ein Kind zu fangen. Hat er ein Kind gefangen, ist dieses auch Fischer. Beide gehen nun auf die eine und die Kinder auf die andere Seite usw. Dieses Spiel wird so lange fortgesetzt, bis nur noch ein Kind übrigbleibt. Dieses Kind ist dann wieder allein Fischer.

Reise nach Jerusalem

In der Mitte des Raumes steht eine Turnbank. Sie stellt den Zug dar, mit dem alle Kinder nach Jerusalem fahren. Zunächst laufen sie nach Taktvorgabe durch Tamburin durch den Raum (laufen, hüpfen, krabbeln usw.). Wird einmal fest geschlagen, nehmen sie schnell im Zug Platz. Das letzte Kind hat den Zug verpaßt und muß mit dem nächsten fahren. Das Spiel beginnt von neuem.

Das Zauberwort

Ein Kind, der Fänger, nennt ein Wort. Dieses ist das Zauberwort und gleichzeitig das Startzeichen für den Fänger, um ein anderes Kind zu fangen. In der Mitte liegt ein großer Reifen oder ein zu einem Kreis gelegtes Seil. Der Fänger verläßt den Raum. Ein Kind wird ausgesucht, welches das Zauberwort sagen darf. Die Kinder stehen wie versteinert im Raum. Der Fänger wird wieder hereingerufen. Er geht im Raum herum und sagt zu jedem Kind: „Nenne mir das Zauberwort." Alle Kinder zucken mit der Schulter, nur das zuvor bestimmte Kind sagt das Zauberwort. Daraufhin versuchen alle Kinder, in den Kreis zu gelangen. Der Fänger muß versuchen, ein Kind zu fangen. Dieses ist dann neuer Fänger und darf sich ein neues Zauberwort aussuchen.

Katz und Maus

Ein Kind spielt die Maus und ein anderes die Katze. Gemeinsam wird eine Uhrzeit abgemacht, wann die Maus aus dem Haus kommen soll, z. B. acht Uhr. Beide Kinder verlassen den Raum. Ein Kind wird bestimmt, welches die vorher festgelegte Uhrzeit sagen soll. Nun bilden alle anderen Kinder einen Kreis.

Die Maus geht in die Kreismitte, und die Katze steht außerhalb des Kreises. Sie fragt die Kinder: „Wann kommt die Maus aus dem Haus?" Die Kinder geben eine Antwort. Wird das bestimmte Kind gefragt

und sagt dieses: „Acht Uhr", dann öffnen die Kinder das Haus (sie lösen die Hände), und die Maus läuft heraus. Jetzt muß die Katze versuchen, die Maus zu fangen. Ist die Maus gefangen, so ist die Katze Siegerin. Ist die Katze müde und hat die Maus nicht gefangen, so ist die Maus Siegerin. Das Spiel kann neu beginnen.

Regenwurmfänger

Im Raum verteilt liegen Fußgymnastikstäbe, ein Stab weniger als Kinder. Die Kinder schleichen durch den Raum. Es ist ganz still. Auf ein leises Signal (Glöckchen) hin laufen die Kinder los und fangen einen „Regenwurm". Das Kind, das keinen Wurm bekommen hat, nimmt einen Stab und macht eine Spielpause. Das Spiel ist beendet, wenn nur noch ein Regenwurmfänger übrig bleibt.

Abschlußspiel „Die liebe Frau Sonne"

Die Frau Sonne hat ihre Strahlen verloren. Sie sucht sie. Die Kinder stehen im Raum. Frau Sonne werden die Augen verbunden. Sie sucht ihre Strahlen (Kinder). Die Kinder, die sie gefunden hat, gehen leise hinter der Sonne her. Der letzte Strahl bekommt als Hilfsmittel für die suchende Sonne ein Glöckchen. Diesem Glöckchenton muß die Sonne nachgehen. Hat sie auch den letzten Strahl gefunden, bilden alle einen Kreis und singen (Melodie: Alle meine Entchen):

Alle Strahlenkinder drehen sich im Kreis, drehen sich im Kreis, kommen dann die Sterne, verschwinden sie ganz leis'.

Tanzvorschlag: Die Kinder fassen sich an, gehen im Kreis herum und bei „verschwinden sie ganz leis' " gehen sie auf ihre Decke zurück.

Nun wird der Briefumschlag geöffnet. In diesem wird das ungefähre Versteck der Krone beschrieben. Alle Kinder suchen die Krone. Das Kind, welches sie gefunden hat, ist der heutige Spielkönig und darf die Krone behalten.

Hinweis: In der Freispielphase können sich alle Kinder eine Spielkönigskrone unter Anleitung basteln.

Kunterbunte Spiele aus dem Jutesack

Ziel: Förderung der akustischen, taktilen, auditiven und visuellen Wahrnehmung, Förderung der Sozialerfahrung, der Gesprächsbereitschaft, Förderung der Grob- und Feinmotorik, Stärkung der Selbstsicherheit

Kinderzahl:	10–12
Alter:	ab 3 Jahre
Dauer:	30–40 Minuten
Material:	– Papprollen von Haushaltstüchern
(in einen Jute-	– Tischtennisbälle
sack legen)	– Eierkartons
	– Wäscheklammern
	– Zeitungspapier
	– Bierdeckel
	– Plastikbecher
	– Luftballons
	– Tücher, Stoffreste, Gästehandtücher, Badetuch, Decke oder Betttuch
	– Tennis und Tischtennisschläger
Zusatz-	– Kassettenrecorder mit Musik
material:	– eine lange Schnur
	– 10–12 große Kartons
	– für jedes Kind eine Augenbinde
Raum-	In eine Raumecke wird eine Decke gelegt. Der gefüllte Jutesack und
vorbereitung:	die Zusatzmaterialien liegen griffbereit.

Ablauf: Nachdem die Kinder ihre Gymnastikbekleidung angelegt haben, werden einige Übungen aus dem autogenen Training gemacht, die die Konzentrationsfähigkeit der Kinder fördern.

Danach wird der gefüllte Jutesack in die Mitte gestellt. Die Kinder laufen, hüpfen, springen auf einem Bein, krabbeln auf allen Vieren usw. nach Musik durch den Raum. Wird die Musik ausgestellt, kann jedes zum Sack laufen und von außen erfühlen, was sich in dem Sack befindet. Das Erfühlte wird einem anderen Kind ins Ohr geflüstert. Ertönt die Musik erneut, bewegen sich die Kinder wieder im Raum. Dieses Fühlspiel wird mehrmals wiederholt. Danach wird der Inhalt des Sackes auf die in der Ecke liegende Decke geschüttet.

Die Kinder können frei, je nach Lust und Ideenreichtum, allein, zu zweit, in größeren Gruppen, mit einem oder mehreren Materialien spielen. Es kann kombiniert, experimentiert und ausgetauscht werden. Die Erzieherin beobachtet, greift auf oder gibt hier und da eine Spielanregung.

Spielbeispiele:

Handtuch ziehen

Zwei Kinder ziehen an einem Handtuchende und versuchen, sich durch Kraft von der Stelle zu ziehen.

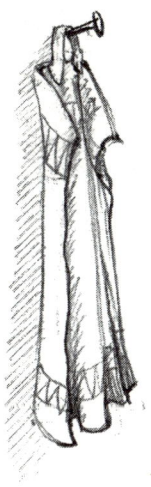

Handtuch rutschen

Ein Kind setzt sich auf ein Handtuch, das andere zieht es durch den Raum.

Handtuchweitwurf

Ein Handtuch wird durch Schwingen in Bewegung gebracht. Ist genügend Schwung da, wirft das Kind das Handtuch weit fort.

Handtuch- oder Deckenschaukel

Ein großes Badetuch oder eine Decke wird auf den Boden gelegt. Ein Kind legt sich auf die Decke. Die anderen fassen die Decke an. Auf ein Zeichen hin heben alle anderen Kinder die Decke an und schaukeln das Kind hin und her.

Deckentunnel

Ein großes Bettuch wird von mehreren Kindern in geringem Abstand zum Boden gehalten. Ein anderes Kind krabbelt unter dem Tuch her.

Fühltuch

Ein großes Tuch wird auf die Erde gelegt. Die Kinder setzen sich darum herum. Ein Kind verläßt den Raum. Ein anderes legt sich unter das Tuch. Das Kind, welches den Raum verlassen hat, wird hereingeholt. Es soll durch Fragen und Erfühlen herausfinden, wer unter dem Tuch liegt.

Luftballonball

Eine Schnur wird gespannt. Die Kinder werfen die Luftballons über die Schnur.

Variation: Schlagen mit der Hand, dem Tennis- oder Tischtennisschläger

Luftballontanz

Zwei Kinder halten mit dem Bauch, die Hände auf dem Rücken, einen Ballon fest. Sie tanzen nach Musik und sollen nach Möglichkeit den Ball nicht verlieren.

Eierkartonstraße

Eierkartons werden auf den Boden gelegt. Die Kinder gehen barfuß oder auf Händen und Füßen über die Kartons.

Zielwerfen

Eierkartons werden in unterschiedlicher Entfernung aufgestellt. Die Kinder versuchen, Tennisbälle in die Mulden zu werfen.

Turmbauer

Aus Papprollen und Bierdeckeln wird ein Turm gebaut. Mit Tennisbällen kann er wieder umgeworfen werden.

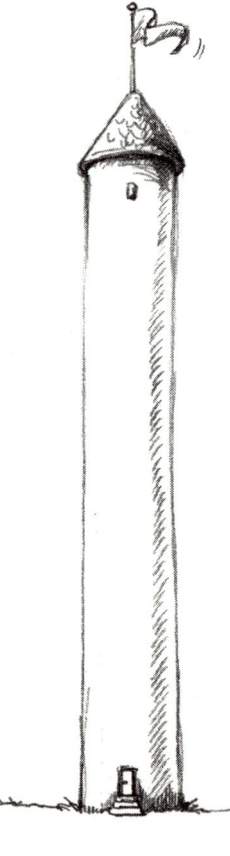

Zeitungslauf

Zeitungen werden in den Raum gelegt. Die Kinder bewegen sich nach einer Musik durch den Raum. Wird die Musik ausgestellt, springen die Kinder auf eine Zeitung.

Zeitungsschlacht

Zeitungsblätter werden zu Bällen geformt. Die Kinder können eine Zeitungsschlacht veranstalten und sich bewerfen.

Zeitungsdach

Eine Zeitung wird auf dem Kopf durch den Raum getragen. Die Kinder können dabei gehen, hüpfen, krabbeln, springen usw.

Wäscheklammernfangspiel

Jedes Kind bekommt eine Wäscheklammer an die Kleidung geheftet. Ein Kind ist der Fänger und versucht, einem anderen Kind eine Klammer abzunehmen. Dann laufen zwei, dann vier, dann acht Kinder. Das Spiel ist beendet, wenn niemand mehr eine Wäscheklammer hat.

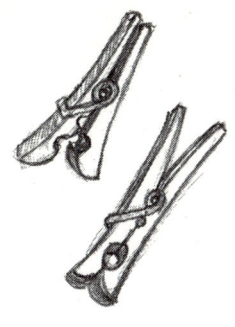

Fleißige Waschfrauen

Die Waschfrauen haben ihre Wäsche verloren (Stoffreste oder Tücher werden auf dem Boden verteilt). Die fleißigen Waschfrauen sammeln mit Wäscheklammern alle Wäschestücke ein.

Versteck dich mal

Die Kartons werden so aufgestellt oder formiert, daß man sich dahinter oder sogar darunter verstecken kann. Ein Kind geht vor die Tür, einige andere Kinder verstecken sich. Das Kind, welches draußen war, kommt zurück in den Raum und ruft: „Wo seid ihr?" Alle Kinder, die sich versteckt haben, machen ein Geräusch. Das suchende Kind versucht anhand der Geräusche das Versteck der anderen herauszufinden.

Kartonstadt

Die Kinder laufen, springen, krabbeln, hüpfen auf einem Bein, auf Händen und Füßen, nach Musik zwischen den aufgestellten Kartons umher (ein Karton weniger, als Kinder mitspielen). Wird die Musik ausgestellt, laufen alle zu einem Kartonhaus. Wer kein Haus bekommen hat, muß beim nächsten Mal schneller sein.

Kartonturm werfen

Aus Kartons wird ein Turm errichtet. Dieser wird mit Bällen oder anderen Materialien umgeworfen.

Abschlußspiel „Blind wie ein Fisch"

Ein großer Karton steht in der Mitte, die Materialien sind im Raum verteilt. Den Kindern werden die Augen verbunden. So krabbeln sie durch den Raum, sammeln die Materialien ein und legen sie in den Karton. Sind alle Materialien eingesammelt, ertönt ein Signal. Dann nehmen alle ihre Augenbinde ab, gehen zur Decke und setzen sich. Abschließend kann über das Spielangebot gesprochen werden.

Kunterbunte Spiele mit Kleingeräten aus dem Pappkarton

Ziel: Förderung der akustischen, taktilen, visuellen und auditiven Wahrnehmung, Förderung der Sozialerfahrung, Förderung der Grob- und Feinmotorik, Förderung der Gesprächsbereitschaft und der Sprachfähigkeit, Stärkung der Selbstsicherheit

Kinderzahl: 10–12
Alter: ab 3 Jahre
Dauer: 30–40 Minuten
Material:
- verschiedene Bälle (Tennisbälle, Tischtennisbälle, Gymnastikbälle usw.)
- ein Medizinball
- Sandsäckchen
- Gymnastikstäbe
- Seile
- Frisbee-Scheiben
- ein großer Pappkarton
- entschärfte Blechdosen

Zusatz-
material:
- ein großes Tuch
- Kassettenrecorder mit beschwingter Musik
- eine Decke
- ein Holzbrett (gehobelte Sperrholzplatte ca. 80 × 80 cm)

Raum-
vorbereitung: Die Decke wird in einer Raumecke ausgebreitet, der gefüllte Karton und das Zusatzmaterial werden griffbereit gelegt.

Hinweis: Der Ablauf kann gleich gestaltet werden wie bei den kunterbunten Spielen aus dem Jutesack. Durch die Wiederholung ist den Kindern der Ablauf vertraut und nicht mehr neu. Sie werden dadurch ermutigt mitzumachen und ihre Ängste abzulegen. Wiederholungen im Ablauf sind für die Wahrnehmungsförderung von großer Bedeutung.

Ablauf: Die Kinder setzen sich in Turnbekleidung auf die Decke. Dort werden zwei kleine Spiele aus dem Yoga durchgeführt, z. B. der Kinderbaum und der Hahn. So stimmen sich die Kinder auf das kommende Angebot ein.

Der mit den Kleingeräten gefüllte Karton wird in die Raummitte gestellt. Die Kinder bewegen sich bei musikalischer Untermalung im Raum. Wird die Musik ausgeschaltet, gehen sie zum Karton, erfühlen den Inhalt und benennen ihn laut und laufen weiter. Dieses Spiel wird mehrmals wiederholt.

Danach wird der Inhalt auf ein großes Tuch geschüttet, und die Kinder können ihrer Spielfreude freien Lauf lassen. Die Erzieherin greift nur ein, wenn es nötig scheint. Es können sich Einzel- und Kleingruppenspiele entwickeln, aber auch Spiele, die die gesamte Gruppe ansprechen.

Spielbeispiele
(mit Einzelgeräten oder kombiniert mit mehreren Geräten):

Was der Ball so alles kann
Der Ball wird gerollt, geprellt, geschossen, sich zugerollt, sich um den Körper gerollt, geworfen, sich zugeworfen und gefangen, in einen Fangkorb geworfen, es werden mit ihm Dosen gekegelt usw. (mit Händen, mit Füßen, rechts, links).

Das schwankende Schiff
Die Bälle werden unter ein Holzbrett gelegt. Ein Kind (mehrere Kinder) setzt (setzen) sich auf dieses Brett. Ganz langsam wird das Brett von den restlichen Kindern hin und her bewegt.

Der springende Ball
Ein großes Tuch wird von allen Kindern gehalten. Ein Ball oder mehrere Bälle werden darauf gelegt und durch Bewegungen des Tuches zum Springen gebracht.

Minigolf
Jedes Kind bekommt einen Stab und schlägt den Ball damit erst frei durch den Raum und danach durch einen aufgestellten Dosenparcours.

Boccia
Ein großer Medizinball steht im Raum. Die Kinder versuchen nun den Ball mit anderen Bällen zu treffen, oder so nah wie möglich an ihn heran zu werfen.

Transporter
Sandsäckchen werden mit verschiedenen Körperteilen transportiert (Kopf, Rücken, Fuß). Dabei können Hindernisse aus den Dosen aufgestellt werden.

Schwungball
Ein Ball wird in einen Stoffbeutel gelegt und mit einem langen Seil unter die Decke gehängt. Die Kinder bilden einen großen Kreis. Nun wird der Ball durch kräftiges Abstoßen in Bewegung gebracht, so daß er wie ein Pendel mit großen Schwüngen durch die Luft fliegt.

Wurfball
Ein Ball wird in einen langen Strumpf oder in einen länglichen Beutel gelegt. Ein Knoten verhindert das Herausfallen des Balles. Ein Kind hält den Ball am Stoffende, holt durch Drehung Schwung und wirft ihn weit weg.

Variation: Das Kind versucht, einen Dosenturm umzuwerfen.

Der Dosenturm
Die Dosen werden zu einem Turm aufgebaut und mit den Sandsäckchen umgeworfen.

Variation: Die Kinder sollen versuchen, die Dosen nacheinander abzuwerfen.

Große Wellen, kleine Wellen

Zwei Kinder halten ein Seil und bewegen es hin und her. Die Kinder versuchen, über das bewegte Seil zu springen.

Variation: Die Kinder springen schnell über das Seil von einer Seite zur anderen.

Spiele mit Frisbee-Scheiben

Die Kinder werfen mit Frisbee-Scheiben einen Dosenturm um.

Variationen:

– Frisbee-Scheiben in eine bestimmte Richtung oder über eine Schnur werfen und von einem anderen Kind fangen lassen.
– Auf der Innen- und Außenseite von Frisbee-Scheiben Bälle oder Sandsäckchen transportieren; dabei Dosenhindernisse aufbauen.
– Frisbee-Scheiben auf dem Rücken oder dem Kopf tragen, durch den Raum zu einem anderen Kind rollen.
– Einen vorgegeben Rhythmus mit den Frisbee-Scheiben klopfen.

Frisbeeball

Ein Seil spannen und Bälle mit den Frisbee-Scheiben über die Schnur schlagen.

Scheibenhüpfen

Die Frisbee-Scheiben auf dem Boden verteilen und von einer Scheibe zur anderen springen, gehen oder kriechen.

Variationen: Vorwärts, rückwärts, mit gegrätschten Beinen über die Scheibe springen.

Abschlußspiel „Hör zu und mach mit"

Alle Geräte liegen auf dem Tuch. Die Kinder laufen nach Musik durch den Raum. Die Erzieherin schaltet die Musik aus und nennt ein Spielgerät. Die Kinder laufen zu den genannten Geräten und bringen sie in den großen Sack. Wer kein Gerät erwischt hat, versucht sein Glück erneut bei der Nennung des nächsten Gerätes. So werden spielerisch alle Geräte eingesammelt. Zum Schluß setzen sich die Kinder auf die Decke und können ihre Empfindungen bei diesen Spielen äußern.

RHYTHMIKANGEBOTE

Rhythmik: Die Möweninsel

Ziel: Förderung der auditiven und visuellen Wahrnehmung, Verbesserung der Koordination,

Verbesserung der Grobmotorik, Schulung der Reaktion

Kinderzahl: 8
Alter: 5–6 Jahre
Dauer: ca. 30 Minuten
Material: – viele Seile

– ein großes, braunes Tuch
– je 2 Matten in den Farben rot, gelb, blau und grün
– jeweils 1 Farbstab in den Farben rot, gelb, blau und grün
– je 4 rote, gelbe, blaue und grüne Chiffontücher
– eine Glocke
– ein Tamburin
– Musik mit Meeresrauschen/Kassettenrecorder
– ein Karton mit kleinen Schätzen (Steine, Tücher, Ketten, Ringe usw.)

Raum-
vorbereitung: Mit Seilen wird ein „großes Meer" ausgelegt. In die Mitte wird ein braunes Tuch gelegt, das eine Insel symbolisiert. In einer Ecke des Raumes steht ein Schatzkarton.

Ablauf: Die Kinder setzen sich auf das große, braune Tuch. Sie schließen eine Zeitlang die Augen und lauschen der Musik. Während dieser Phase legt die Erzieherin vor jedes Kind je zwei gleichfarbene Chiffontücher. Nachdem die Musik ausgeschaltet ist, öffnen die Kinder die Augen, und ihnen wird nun um jedes Handgelenk ein Chiffontuch gebunden. Diese Tücher symbolisieren die Flügel der Möwen, die auf dieser Insel leben.

Die Erzieherin fordert die Kinder *(Möwen)* auf, auf Nahrungssuche zu gehen. Sie folgen der Sonne *(Glockenton)* und fliegen im ganzen Raum herum, um sich zu orientieren. Schlägt die Erzieherin das *Tam-*

burin, fliegen sie schnell auf die Insel zurück, denn ein Gewitter naht (drei- bis viermal).

Es gehen nur bestimmte Kinder *(Möwen)* auf Nahrungssuche. Die Erzieherin zeigt die Farbstäbe. Die Kinder, die die passenden Flügel haben, fliegen, solange der Stab gezeigt wird *(schneller Wechsel der Farbstäbe).*
Wenn die Erzieherin keinen Farbstab mehr zeigt, kehrt Ruhe auf der Insel ein.

(Kurze Pause mit Musik – Meeresrauschen)

Die Erzieherin zeigt zwei Farbstäbe. Die Kinder *(Möwen)* mit den entsprechenden Farben fliegen in der Gruppe. So entstehen zwei Gruppen mit jeweils zwei Kindern. Diese Gruppen hören auf ein Signal, welches ihnen anzeigt, ob sie fliegen oder zur Insel zurückkehren sollen *(Signale: Glocke und Tamburin).*

Die Kinder *(Möwen)* wollen sich hin und wieder auf dem Meer ausruhen und bauen sich deshalb ein Schiff. Die Erzieherin zeigt die einzelnen Farbstäbe. Die Kinder mit den entsprechenden Farben holen sich die passende Matte *(Schiffsteil),* legen sie hintereinander ins Meer und setzen sich darauf. Das Spiel ist beendet, wenn alle Kinder hintereinander auf der Matte *(im Schiff)* sitzen.

Die Erzieherin zeigt wieder die einzelnen Farbstäbe, und die Kinder *(Möwen)* gehen erneut auf Erkundungsflug. Es entsteht ein lebhafter Wechsel zwischen Fliegen und Ruhen im Schiff. Erst wenn alle Kinder im Schiff sitzen, ist das Spiel beendet.

(Kurze Pause mit Musik – Meeresrauschen)

Die Erzieherin zeigt alle Farbstäbe, und alle Kinder *(Möwen)* fliegen aus. Ertönt das Tamburin, fliegen sie auf die Insel zurück, da ein Gewitter aufkommt. Sie schließen die Augen und warten auf der Insel darauf, daß die Sonne zurückkehrt.

Nach einer kurzen Zeit ertönt die Glocke. Die Kinder *(Möwen)* fliegen zu dem Karton, holen sich jeweils ein Teil aus der Schatzkiste und bringen es zur Insel. Gemeinsam werden die Schätze betrachtet. Die Kinder können berichten, warum sie sich diesen Schatz ausgesucht haben.

(Kurze Pause mit Musik – Meeresrauschen)

Abschluß

Die Kinder *(Möwen)* können sich von ihren Flügen erholen. Auf ein Signal hin *(Glocke)* stehen sie auf und fliegen zu ihrem Platz, befreien sich von ihren Flügeln, ziehen sich an, legen die Matten zusammen und verlassen den Raum.

Rhythmik mit Bambusstäben und Tennisbällen

Ziel: Förderung der auditiven, visuellen, taktilen Wahrnehmung, Verbesserung der Koordination, Förderung der Grob- und Feinmotorik, Schulung der Reaktion

Kinderzahl:	8–12
Alter	5–6 Jahre
Dauer:	ca. 30–40 Minuten
Material:	– ca. 26 Bambusstäbe
	– Triangel
	– Tamburin
	– eine große Decke
	– ein Abdecktuch
	– melodische Musik, Kassettenrecorder
	– ca. 26 Tennisbälle
	– eine bunt beklebte Waschmitteltonne
Vorbereitungen:	Die große Decke wird in eine Ecke des Raumes gelegt. Das restliche Material liegt griffbereit unter dem Abdecktuch.
Ablauf:	Nachdem die Kinder sich ihre Gymnastikbekleidung angezogen haben, setzen sie sich auf die Decke. Zur Einstimmung auf die folgen-

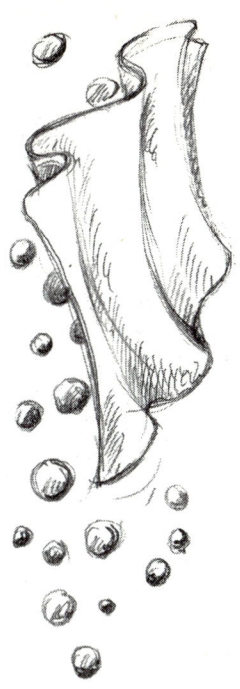

den Spiele werden ein paar kleine Spiele, z. B. aus der Kinesiologie, durchgeführt.

Zur Begrüßung und Raumerfahrung singen (spielen) die Kinder folgendes Lied:
(Melodie: Zeigt her eure Füße)

Ich geh' hier im Kreise und dreh' mich herum,
ich schau mich nach einem netten Freund
heut um.
durch den Raum gehen

Ich grüß dich, ich grüß dich, ich sag dir
guten Tag,
ich grüß dich, ich grüß und sag, daß ich
dich mag.
sich die Hände reichen, weiter durch den Raum gehen, einem anderen Kind die Hand geben usw.

Ich geh hier im Kreise und …
ich schau mich …
durch den Raum gehen

Ich reich dir, ich reich dir, ich reich dir
meine Hand, geh mit dir,
geh mit dir durch dieses Kinderland.
zu zweit durch den Raum gehen

Ich geh hier im Kreise …
ich schau mich …
durch den Raum gehen

Ich tanze, ich tanze mit dir, wie ist das schön.
weil wir uns, weil wir uns so wunderbar
versteh'n.
mit einem anderen tanzen

Nach diesem Begrüßungsspiel nehmen die Kinder wieder auf der Decke Platz. Jetzt werden die beiden Instrumente *(Triangel und Tamburin)* vorgestellt. Die Kinder sollen den Klang der Instrumente auf sich wirken lassen und anschließend versuchen, sie durch Mimik, Gestik und Körpergeräusche darzustellen.

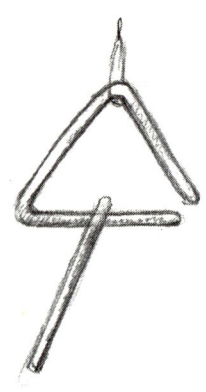

Beispiele:
Mimik: Triangel = fröhlich schauen / Tamburin = mürrisch schauen
Gestik: Triangel = Arme hoch halten / Tamburin = gebeugt gehen
Körpergeräusch: Triangel = hell summen / Tamburin = brummen

Die Kinder bewegen sich nach dem Takt des Instruments durch den Raum. Danach wird ein Instrument den Mädchen und eines den Jungen zugeordnet. Die Kinder bewegen sich entsprechend. Dabei müssen sie auf den Wechsel der Instrumente achten.

Nach dieser Phase holt die Erzieherin die dünnen Bambusstäbe. Sie werden in der Mitte des Raumes wie ein Mikadospiel auseinander geworfen. Jedes Kind versucht, sich einen Stab zu holen, ohne dabei einen anderen Stab zu bewegen.

Die Kinder experimentieren mit den Stäben. Die Erzieherin beobachtet dabei wiederum die Kinder und greift Spielbeispiele auf (s. o.).

Beispiele: Den Stab auf die Erde legen und hin und her springen, den Stab auf die Erde legen und balancieren, den Stab auf der Hand, auf dem Rücken, auf dem Fuß balancieren usw.

Die Stäbe werden mit Hilfe des Triangels in ein Instrument verzaubert (Flöte, Trompete, Querflöte, Posaune usw.). Alle spielen im Bambusstaborchester ihr Instrument. Durch einen Triangelton wird der Zauber wieder aufgelöst.

Die Tennisbälle werden verteilt. Jedes Kind spielt mit seinem Ball und seinem Bambusstab. Die Erzieherin schaut zu und greift Spielanregungen einiger Kinder auf, die dann von allen Kindern durchgeführt werden.

Beispiele: Den Ball mit dem Stab vorwärts rollen, sich den Ball mit dem Stab zuspielen.

Paarspiele

Auch hier können die Kinder selbst experimentieren.

Beispiele: Die Stäbe jeweils an den Enden festhalten und vorwärts, rückwärts, schnell, langsam durch den Raum gehen, die Stäbe an den Enden mit dem Bauch halten und sich dann langsam vorwärts bewegen, einen Ball auf die Stangen legen und durch den Raum gehen usw.

Gruppenspiele

Beispiele: Gemeinsam nach Musik einen Bambusstangentanz gestalten, gemeinsam ein Gebilde errichten, gemeinsam Mikado spielen usw.

Abschluß

Die Kinder bewegen sich nach leiser Musik im Raum. In einer Hand halten sie den Ball, in der anderen den Bambusstab. Beim Triangelton stellen sie den Stab auf die Erde, halten ihn mit einem Finger fest und umkreisen ihn. Spielt nur die Musik, gehen sie mit ihren Kleingeräten wieder durch den Raum. Ertönt das Tamburin, legen sie den Ball auf die Erde und umkreisen ihn. Ist es ganz still, legen sie beides in die Tonne und setzen sich auf die Decke. Abschließend kann noch über dieses Angebot gesprochen werden.

Rhythmik mit Bleischnüren, Kordeln, Bändern und Seilchen

Ziel: Gedächtnistraining, Förderung des Sozialverhaltens, Förderung der visuellen, akustischen, taktilen Wahrnehmung, Entwicklung des Formgefühls, Festigung der visuellen Serialität

Kinderzahl:	8–10
Alter:	ab 5 Jahre
Dauer:	ca. 40 Minuten
Material:	– 12 verschiedene Kordeln, Schnüre, Seilchen, Bänder
	– eine große Decke
	– ein Karton mit einem Greifloch
	– beschwingte Musik, Kassettenrecorder
	– Ansichtskarten, auf denen Legemuster für die Schnüre gemalt sind
	– Triangel
	– Tamburin
	– ein großes Tuch

Raumvorbereitung: Die Decke wird in einer Ecke des Raumes ausgebreitet. Die restlichen Materialien stehen griffbereit an der Seite. Sie werden mit dem großen Tuch abgedeckt.

Hinweis: Bei diesem und den folgenden Rhythmik-Angeboten sollten die Kinder bequem gekleidet sein. Turnbekleidung ist besonders geeignet. Zur Vorbeugung vor kalten Füßen sollten die Kinder dicke Socken oder Tennissocken anziehen.

Ablauf: Nachdem die Kinder ihre Gymnastikkleidung und Socken angezogen haben, setzen sie sich auf die Decke. Dort können sie durch ein paar Stillespiele auf die folgenden Spiele vorbereitet werden.

Die Kinder gehen durch den Raum und singen zur Raumerfahrung und Begrüßung ein Lied:
(Melodie: Kommt ein Vogel geflogen)

Ich gehe spazieren und schau
hin und her,
ja, ich seh' viele Dinge, die erfreuen
mich sehr.

*Alle Kinder bleiben stehen
und nennen etwas, was
sie hier im Raum sehen.*

Ich gehe spazieren und schau
hin und her,
ja, ich hör' viele Dinge, die erfreuen
mich sehr.

*Alle Kinder bleiben stehen,
lauschen und sagen,
was sie hören.*

*Die Kinder sollen sich trauen,
mit geschlossenen Augen durch
den Raum zu gehen.
Sie singen dabei die folgende
Strophe:*

Ich gehe spazieren und kann
gar nichts sehn,
doch ich spür' viele Dinge, das
finde ich schön.

*Bei: „Ich spür' viele Dinge"
sucht jedes Kind ein anderes
und versucht, es durch
Tasten zu identifizieren.*

Dieses Lied kann mehrmals gesungen werden. Statt: „Ich gehe spazieren" können andere Gangarten eingesetzt werden, z. B. laufen, hüpfen usw.

In die Kreismitte wird ein großer Wühlkarton gestellt. Er ist fest verschlossen. Nur durch eine Öffnung (armdickes Loch) kann man in den Karton hineinfassen. Dort sind die Bleischnüre, Kordeln usw. aufbewahrt. Die Erzieherin singt ein Lied und fordert damit das erste Kind auf, in den Karton zu fassen und dort etwas herauszuholen (*Melodie A, a, a, der Sommer, der ist da*).

E, e, e, jetzt weiß ich, wen ich seh',
...... (hier wird der Name des Kindes eingesetzt),
z. B. Monika, du kannst jetzt geh'n,
bleib' dann vor der Kiste steh'n,
greife dort hinein, was wird darin wohl sein?

Das Kind holt eine Schnur, eine Kordel oder etwas anderes heraus, beschreibt den Gegenstand nach Farbe, Beschaffenheit usw. Es legt die Kordel zu einer Form, setzt sich in diese und schafft sich damit einen eigenen Platz. Dann singt es mit Hilfe der Erzieherin das Lied und fordert dadurch ein anderes Kind auf, etwas aus dem Karton herauszuholen. Dieses Spiel wird so lange durchgeführt, bis alle sich einen eigenen Platz geschaffen haben.

Bei beschwingter Musik können die Kinder mit diesem Gegenstand experimentieren, z. B. Formen oder Zahlen legen, durch den Raum laufen und die Schnur hinter sich herziehen, die Schnur auf die Erde legen und darauf balancieren oder drüber springen usw. Die Erzieherin beobachtet die Kinder und greift einige Spielvorschläge auf, nachdem die Musik ausgeschaltet wurde.

Die Kinder gehen, hüpfen, laufen durch den Raum und singen dabei die erste Strophe des Begrüßungslieds: „Ich gehe spazieren." Ist die Strophe beendet, bleiben sie vor einer Form stehen. Ein Kind, welches von der Erzieherin benannt wird, beschreibt die vor ihm liegende Form und ordnet diesen Platz dem Kind zu, das diese Form gelegt hat. Danach benennt es das nächste Kind. Dieses Spiel wird so lange wiederholt, bis jedes Kind einmal einen Platz beschrieben und ihn einem Kind zugeordnet hat. Abschließend singen alle noch einmal die erste Strophe des Begrüßungsliedes und setzen sich dann wieder in ihr Haus.

Die Erzieherin gibt jedem Kind eine Legekarte. Die Kinder sollen nun mit ihren unterschiedlichen Schnüren die Form nachlegen. Anschließend gehen sie durch den Raum, schauen sich die Formen an und setzen sich auf die Decke.

Die Erzieherin fordert die einzelnen Kinder nacheinander auf, sich zu der Schnur eines bestimmten Kindes zu begeben und dabei zu laufen, zu krabbeln, zu hüpfen usw.

Beispiele: „Monika, hüpfe bitte zur Schnur von Gaby!" oder „Elke, krabbele bitte zur Schnur von Klaus."

Bei einem Triangelton gehen alle Kinder wieder zu ihrem Platz zurück.

Für die folgende Partnerübung überlegt sich ein Kind eine Form, z. B. einen Kreis, eine Zick-Zack-Linie, eine Schlangenlinie, ein Dreieck usw. Es geht zu einem anderen Kind und flüstert ihm diese Form ins Ohr (*Beispiel: „Leg bitte einen Kreis."*) Dann geht es zu seinem Platz zurück und legt gleichzeitig diese Form. Danach wird ein anderes Kind aufgefordert, sich auf die gleiche Weise ein Kind zu suchen, welches mit ihm gemeinsam eine Form legt. Einzige Bedingung: Es sollten keine Formen sein, die schon gelegt wurden. Fallen den Kindern keine neuen Formen ein, so kann die Erzieherin Hilfestellung geben. Eventuell kann auch eine Zahl gelegt werden. Am Schluß ist ein Memoryspiel gelegt, d. h., es sind Formpaare entstanden.

Die erste Strophe des Begrüßungsliedes wird noch einmal in verschiedenen Varianten gesungen (hüpfen, gehen, laufen usw.). Die Kinder bewegen sich dabei auf die entsprechende Art durch den Raum. Am Ende setzten sie sich wieder in ihre Form.

Abschluß „Die Kordelkette"
Ein Kind hüpft, geht oder springt nach Tamburinschlag mit seiner Schnur durch den Raum. Es bildet den Kettenkopf. Macht das Tamburin eine Pause, geht das Kind zu einem anderen Kind. Dieses faßt das andere Ende der Schnur an und zieht seine Schnur hinter sich her. Nun hüpfen, springen, laufen beide gemeinsam durch den Raum. Macht das Tamburin eine Pause, so holt der Kettenkopf das nächste Kind ab usw. Wenn alle Kinder abgeholt worden sind, wird die Kette geschlossen, indem der Kettenkopf das Ende der letzten Schnur fest hält. So tanzen sie gemeinsam nach einer kleinen Melodie. Wird die Musik ausgestellt, laufen alle in die Mitte, lassen ihre Schnüre fallen und laufen zu ihrer Decke zurück.

4.2 Verklanglichungen, Darstellungsspiele, Fingerspiele

Durch Musik, Bewegung und Darstellung werden Kindern Möglichkeiten gegeben, sich und ihre Fähigkeiten neu zu entdecken. Sie lernen über diese Hilfsmittel, Stimmungen und Handlungen darzustellen, und üben sich in ihrer Sprache und Bewegung. Sie ordnen sich unter, lernen Rücksicht zu nehmen, ihre eigenen Bedürfnisse in den Hintergrund zu stellen, Spielregeln anzunehmen. Der soziale Aspekt spielt bei diesen Angeboten eine tragende Rolle. Konzentration, Ausdauer, visuelles Gedächtnis, Motorik, Gesprächsbereitschaft, auditive Serialität, Sprachfähigkeit werden angesprochen und gefördert. Durch die Darstellung erfahren Kinder eine neue Art der Körperwahrnehmung, welche ihre Persönlichkeitsentwicklung vorantreibt. Ein wichtiges Ziel dieser Angebote ist das Wecken von Freude und Spaß. Denn dadurch werden Kindern Angst und Hemmungen genommen, spielerisch ihr Selbstbewußtsein gestärkt und ihre ganzheitliche Entwicklung gefördert.

Durch Fingerspiele, die im Morgenkreis, Abschlußkreis oder zwischendurch angeboten werden, wird die kindliche Feinmotorik verbessert, die auditive und visuelle Serialität stark gefördert. Die Kinder lernen sich, d. h., ihre Stimme, ihr Redetempo und ihren Sprachrhythmus kennen und verbessern dadurch ihre Sprachfähigkeit. Ihr Wortschatz wird erweitert und aktiviert, ihre Selbstsicherheit und das Selbstwertgefühl werden gestärkt.

VERKLANGLICHUNGEN

Verklanglichung: Ein heißer Sommertag

Ziel: Förderung der visuellen Konzentration und Serialität, Verbesserung des aktiven Wortschatzes, Förderung der Gesprächsbereitschaft, Förderung des Sozialkontakts

Kinderzahl:	8–12 (entsprechend der Anzahl der Bildkarten)
Alter:	ab 5 Jahre
Dauer:	ca. 35 Minuten
Material:	– Bildkarten (entsprechend der Geschichte)
	– verschiedene Instrumente
	– für jedes Kind ein Sitzkissen
	– für die Collage: Bilder aus Zeitschriften, Scheren, Tonpapier, Klebstoff
	– für das Bild: Tapetenrolle / Tonpapier, Malstifte
Vorbereitungen:	Die für die Geschichte notwendigen Bildkarten werden am Tag vorher erstellt. Entsprechend der Anzahl der anwesenden Kinder werden Sitzkissen in Kreisform ausgelegt.

Einstieg:

Die Kinder sitzen im Kreis auf den Sitzkissen. In der Kreismitte liegen umgedreht die Bildkarten. Jedes Kind nimmt sich eine Karte, nennt den darauf dargestellten Gegenstand und erzählt, was ihm dazu einfällt. Anschließend werden die Karten mit der Bildseite nach oben in die Mitte gelegt.

Geschichte:

Die Kinder versuchen, die fehlenden Worte einzusetzen. Als Hilfsmittel dienen dazu die Bildkarten. Nachdem die Worte erraten wurden, werden die Bildkarten, entsprechend dem Ablauf der Geschichte, in eine Reihe gelegt.

Es ist ein warmer Sommertag. Hell leuchtend steht die … *(Sonne)* am Himmel und schickt viel Hitze auf die Erde. Die Menschen sind müde und liegen faul im Schatten eines großen ... *(Baumes)*, um sich dort ein wenig auszuruhen. Die Kinder lecken ... *(Eis)* oder trinken erfrischenden ... *(Saft)*. Auch die großen Tiere mögen diese Hitze nicht. Nur den kleinen Tieren auf dieser Erde macht die Hitze nichts aus. Ein leuchtend bunter ... *(Schmetterling)* fliegt mit leichtem Flügelschlag zu den ... *(Brennesseln)*. Dort sitzt er und schaukelt in der Sonne leicht hin und her. Auf der bunten ... *(Wiese)* surrt und summt es. Unzählige ... *(Bienen)* fliegen zu den ... *(Blumen)* und holen sich Nektar. Auf einem großen Blumenblatt krabbeln vergnügt kleine rote ... *(Käfer)* hin und her. Sie suchen hier ihr Mittagessen. Ein leichter, kühler ... *(Wind)* weht und schenkt den Menschen ein wenig Abkühlung. Immer noch sitzen sie im Schatten, schauen in den Himmel und warten, daß große ... *(Wolken)* für einige Minuten die ... *(Sonne)* verdecken. Plötzlich ziehen am Himmel große, dunkle ... *(Wolken)* auf. Der Wind wird stärker, und aus der Ferne hört man es donnern. Ein Sommergewitter kommt näher. Die ersten ... *(Regentropfen)* fallen schon zur Erde. Schnell verschwinden die Menschen. Sie suchen Schutz in den ... *(Häusern)*. Auch die Tiere verkriechen sich, um sich vor dem Regen zu schützen. Es knallt, blitzt, kracht, und aus den Wolken schüttet Regen auf die Erde. Auf der Straße bilden sich große ... *(Pfützen)*, und in den Bächen fließt das Wasser so schnell wie einem großen Fluß. Doch bald zieht das Gewitter weiter, und die ...*(Sonne)* kommt hinter den ... *(Wolken)* hervor. Die Menschen kommen aus ihren ... *(Häusern)* und sitzen wie immer im Schatten eines großen ... *(Baumes)*. Auch die Tiere kommen wieder hervor, und schon surrt und summt es wieder überall.

Für die anschließende Verklanglichung werden gemeinsam Instrumente ausgewählt. Der Erzähler trägt die Geschichte mit den fehlenden Worten vor, die Kinder spielen die entsprechenden Instrumente.

Abschlußvorschläge:
Die Kinder erstellen mit den o. g. Materialien gemeinsam eine Collage oder malen gemeinsam ein Bild zur Geschichte.

Verklanglichung: In einem riesengroßen Land

Ziel: Förderung der taktilen Wahrnehmung, Förderung des visuellen Gedächtnisses, Förderung der auditiven Differenzierung, Verbesserung der Motorik

Kinderzahl: 8–10
Alter: ab 4 Jahre
Dauer: ca. 30 Minuten
Material:
  – ein Bild von einem Elefanten, kleine Abdeckblätter,
    alternativ: ein Stoffelefant in einem Tastbeutel
  – Zeitungspapier
  – rotes Papier
  – ein Korb mit leichten, schweren, großen und kleinen Teilen
  – Augenbinde
  – Instrumente: Tamburin, Rassel, Besen

Einstiegsvorschläge:

1. Die Erzieherin deckt ein Bild von einem Elefanten mit kleinen Blättern ab. Die Kinder entfernen nacheinander ein Blatt. Sie versuchen, das Verdeckte möglichst frühzeitig zu erraten.
2. Die Erzieherin legt einen Stoffelefanten in einen Tastbeutel. Die Kinder versuchen, den Inhalt zu erfühlen.
3. Ein Rätsel wird gestellt:
Er ist dick und zentnerschwer,
das Fressen, ja, das liebt er sehr.
Er stampft durchs weite Steppenland
und sein „Trörö" ist dir bekannt.

In einem riesengroßen Land,
da wohnt ein dicker Elefant.   *Tamburin*

Er trampelt durch den Wüstensand,
sucht einen andren Elefant'.   *Tamburin*

Doch rechts und links ist nichts zu sehn,
alleine muß er weiter gehn.   *Tamburin*

Plötzlich hört er etwas summen, jetzt ist es schon fast ein Brummen.	*Rassel*
Ein kleiner Käfer ist zu sehn, bleibt in der Luft, nah vor ihm, stehn.	*Rassel*
Der Elefant, er freut sich sehr, und hebt den Rüssel, lang und schwer.	*Tamburin*
Nun pustet er, so fest er kann, den schwarzgetupften Käfer an.	*Tamburin, Besen*
Der Käfer zappelt hin und her, denn dieses mag er nicht so sehr.	*Rassel*
Drum fliegt der kleine Käfer fort und sucht sich einen neuen Ort.	*Rassel*
Der Elefant im Wüstenland trampelt weiter durch den Sand.	*Tamburin*

Da die Verklanglichung nur von wenigen Kindern durchgeführt werden kann, sollte sie, damit alle Kinder beteiligt waren, mehrfach gespielt werden.

Abschlußvorschläge:

▧ Aus Zeitungspapier reißen die Kinder kleine Stücke und legen damit einen Elefanten. Ein kleines Stück rotes Papier stellt den Käfer dar.

▧ Der Korb mit den o. g. Gegenständen wird in die Mitte gestellt. Einem Kind werden die Augen verbunden, es kniet sich vor den Korb. Ein anderes Kind sagt z. B.: „Nimm bitte aus dem Korb einen kleinen Gegenstand!" (Rollentausch usw.)

▧ Einem Kind werden die Augen verbunden, und es bekommt die Aufgabe, je 3 kleine oder 3 leichte Gegenstände aus dem Korb zu nehmen und daneben zu legen.

■ Einem Kind werden die Augen verbunden. Es ertastet einen genau beschriebenen Gegenstand und nimmt ihn aus dem Korb.

Beispiel: Der Gegenstand, den du aus dem Korb holen sollst, ist klein, leicht, etwas rauh und hart. (Nuß)

Verklanglichung: Zwei Vogelkinder

Ziel: Förderung der Sprachfähigkeit und Gesprächsbereitschaft, Förderung der Konzentration und der Selbstsicherheit, Förderung der auditiven Wahrnehmung und der visuellen Serialität

Kinderzahl: 12
Alter: ab 5 Jahre
Dauer: ca. 40 Minuten
Material: – 10 Symbolkarten (Sonne, Baum, Haus usw.)
– Instrumente für die Verklanglichung: 2 kleine Triangel, 1 großer Triangel, Glockenspiel, Tamburin, Holzblock
Vorbereitungen: Ein Sitzkreis wird gestellt, in dessen Mitte die Symbolkarten liegen. Die Instrumente für die Verklanglichung werden bereitgelegt.

Einstieg:
In diesem Spiel lernen die Kinder, mit Hilfe der Symbolkarten zu reimen. Dazu wird eine Karte aufgedeckt, und die Kinder suchen zum Symbol ein passendes Reimwort, z. B. Sonne – Tonne, Maus – Haus, Tanne – Kanne.

Reimgeschichte:
Das jeweils fehlende Wort setzen die Kinder ein. Die aufgelisteten Instrumente sind als Vorschlag für die Verklanglichung anzusehen.

Im Vogelnest, ganz hoch im Baum,
sitzen zwei Vögel, man sieht sie ... (kaum)   *2 kleine Triangel*

Sie sind noch jung und auch sehr klein,
sie sind gelangweilt und … (allein)

Die Mutter ist schon lange fort,
sucht Futter an einem fremden … (Ort)   *großer Triangel*

Alleinsein halten sie nicht aus,
drum fliegen sie ganz schnell … (hinaus)   *2 kleine Triangel*

Sie fliegen leicht, es geht geschwind,
getrieben werden sie vom … (Wind)   *2 kleine Triangel*

Auf ihrem Flug gibt's viel zu sehn,
ja, diese Welt ist wirklich …(schön)   *2 kleine Triangel*

Sie setzen sich auf einen Ast
und machen dort ein wenig … (Rast)   *2 kleine Triangel*

Die Sonne geht, und es kommt sacht
ganz leis' die tiefe, dunkle …(Nacht)   *Glockenspiel*

O weh, o Schreck, was soll geschehn,
im Dunkeln können sie nichts … (sehn)   *Tamburin*

Die Vogelkinder, ach, o Graus,
finden nun nicht mehr nach … (Haus)   *2 kleine Triangel*

Sie weinen vor sich hin sehr leise,   *2 kleine Triangel*
das hört der Uhu auf seiner … (Reise)   *Holzblock*

Der Uhu fliegt auf einen Ast,   *Holzblock*
macht bei den Vogelkindern … (Rast)   *2 kleine Triangel*

Er kann die Angst sehr gut verstehn,
er kann den Weg im Dunkeln … (sehn)   *Holzblock*

Der Uhu hilft, bringt sie nach Haus,
er kennt sich in der Gegend … (aus)   *Holzblock*

Die Vogelmutter macht sich Sorgen
und denkt mit Schreck schon an den … (Morgen)   *großer Triangel*

Wie ist sie froh, ach, ist das schön,   *großer Triangel*
die müden Kinder nun zu … (sehn)   *2 kleine Triangel*

Sie legt die beiden in das Bett,   *großer Triangel,*
        2 kleine Triangel
der Uhu, ja, der ist sehr … (nett)   *Holzblock*

Der Uhu fliegt nach Haus zurück,
er ist jetzt voller Freud und … (Glück)   *Holzblock*

Er hat zwei Kinder heimgebracht,
ın dieser tiefen, dunklen … (Nacht)

Am Morgen tanzen froh zu zwei'n
die Vögel in dem … (Sonnenschein)   *2 kleine Triangel*

Die Verklanglichung sollte wiederholt werden, damit alle Kinder einmal daran beteiligt waren.

Abschluß:
Diese Reimgeschichte kann in einem Rollenspiel dargestellt werden.

DARSTELLUNGSSPIELE

Pantomimisches Darstellungsspiel mit Verklanglichung: Der Vogelbaum

Ziel: Verbesserung der Motorik, Förderung der auditiven und visuellen Wahrnehmung, Entwicklung von Freude am pantomimischen Spiel, Vertiefung von Körpererfahrungen

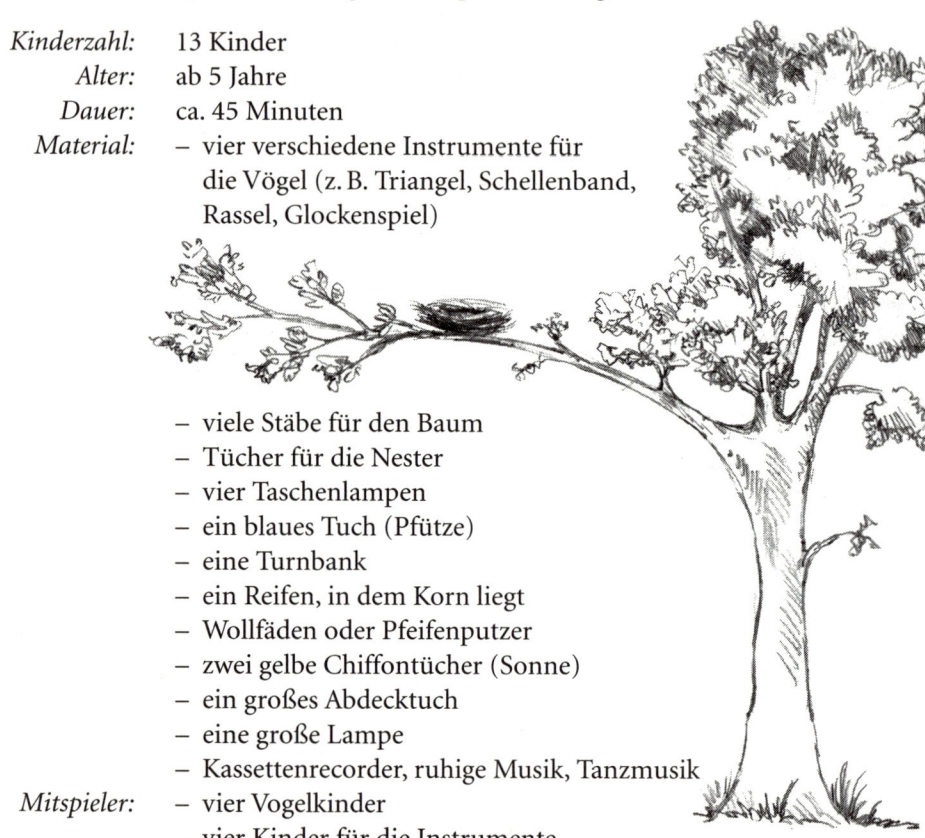

Kinderzahl:	13 Kinder
Alter:	ab 5 Jahre
Dauer:	ca. 45 Minuten
Material:	– vier verschiedene Instrumente für die Vögel (z. B. Triangel, Schellenband, Rassel, Glockenspiel)

- viele Stäbe für den Baum
- Tücher für die Nester
- vier Taschenlampen
- ein blaues Tuch (Pfütze)
- eine Turnbank
- ein Reifen, in dem Korn liegt
- Wollfäden oder Pfeifenputzer
- zwei gelbe Chiffontücher (Sonne)
- ein großes Abdecktuch
- eine große Lampe
- Kassettenrecorder, ruhige Musik, Tanzmusik

Mitspieler:
- vier Vogelkinder
- vier Kinder für die Instrumente
- vier Kinder als Sterne
- ein Kind als Sonne

Raum-vorbereitung: Der Raum muß verdunkelungsfähig sein. Alle Materialien liegen griffbereit und sind mit einem Tuch abgedeckt.

Einstieg:

Die Kinder legen gemeinsam einen Baum mit einer breiten Krone aus Stäben. Aus Tüchern gestalten sie vier Nester und legen sie in den Baum. In einem Gespräch tragen sie alles zusammen, was sie über Bäume wissen. Anschließend werden einige Spiele durchgeführt, z. B.: „Ein Baum sein" (siehe Seite 37).

Darstellungsspiel:

Text	Bewegung	Instrumente	Raum
In einem alten, dicken Baum wohnen viele kleine Vögel, das Rotkehlchen, der Zaunkönig, die Meise und der Spatz. Sie haben sich hier ihre Nester gebaut und fühlen sich sehr wohl.	*Die Vögel setzen sich in ein Nest.*	*Alle Instrumente.*	*Beleuchtet.*
Es ist Abend, und die Vögel liegen still und schlafen.	*Die Augen schließen.*	*Ruhige Musik/ Kassettenrekorder*	*Verdunkelt.*
Langsam nehmen viele Sterne am Himmel ihren Platz ein.			*Mit Taschenlampen die Decke beleuchten.*
Bedächtig und leise ziehen sie am Himmel entlang.			*Mit dem Taschenlampenstrahl an der Decke entlang ziehen.*
Der Morgen bricht herein. Die Sterne verschwinden im Tageslicht.			*Beleuchtet.*

Text	Bewegung	Instrumente	Raum
Die kleinen Vögel werden wach. Sie recken und strecken sich, putzen ihre Gefieder, schütteln sich und sind putzmunter.	*Die beschriebenen Bewegungen ausführen.*	*Triangel, Schellenband, Rassel, Glockenspiel*	
Frisch und zum Fliegen bereit stehen sie in ihren Nestern, schwingen ihre kleinen Flügel und fliegen los.	*Die beschriebenen Bewegungen ausführen.* *Nach der Musik Flugbewegungen machen.*	*Alle Instrumente.* *Ruhige Musik / Kassettenrecorder*	
Auf einmal verspüren die kleinen Vögel Hunger und halten Ausschau nach Futter.	*Die Hand vor die Stirn halten und nach links und rechts schauen.*	*Alle Instrumente.*	
Ganz in ihrer Nähe entdecken sie ein Kornfeld. Sie fliegen dorthin und fressen gemeinsam.	*Zum Reifen fliegen und Pickbewegungen machen.*	*Alle Instrumente, bei den Pickbewegungen leicht anschlagen.*	
Dann fliegen sie wieder los. Hier und da finden sie noch einen Regenwurm, den sie sich zur Nachspeise gerne holen.	*Durch den Raum fliegen und Pfeifenputzer oder Wollfäden einsammeln.*	*Alle Instrumente.*	
Die Vögel verspüren nun Durst. Sie entdecken eine Pfütze und fliegen dorthin.	*Die Hand vor die Stirn nehmen, an dem blauen Tuch Trinkbewegungen machen.*	*Alle Instrumente leicht anschlagen.*	
Zufrieden und satt fliegen sie in ihre Nester zurück und halten	*Zu den Nestern fliegen, sich hin-*	*Alle Instrumente, leiser werdend*	

Text	Bewegung	Instrumente	Raum
einen kleinen Mittagsschlaf.	*setzen, und die Augen schließen.*	*und schließlich verstummend.*	
Die Sonne wärmt sie mit ihren Strahlen.	*Die Sonne geht um den Baum und berührt die Vögel mit den gelben Tüchern.*	*Kassettenrecorder mit ruhiger Musik.*	
Die Sonnenstrahlen kitzeln die Vögel wach. Sie recken und strecken sich, putzen ihr Gefieder und fliegen erneut los.	*Die beschriebenen Bewegungen ausführen.*		
Den ganzen Nachmittag sind sie unterwegs. Mal sind sie hier, mal sind sie dort, mal sitzen sie im Wasser, mal auf einem alten Baumstamm, um sich auszuruhen.	*Die beschriebenen Bewegungen ausführen (blaues Tuch = Wasser, Baumstamm = Turnbank).*	*Alle Instrumente.*	
Am Abend kehren die Vögel zu ihrem Nest zurück, legen sich hinein und schlafen.	*Die im Text beschriebenen Bewegungen ausführen.*	*Alle Instrumente, leiser werdend und verstummend.*	
Die Sonne geht unter. Leise nehmen die Sterne wieder ihren Platz und behüten die schlafenden Vögel.	*Die Sonne geht noch einmal um die Vögel und setzt sich.*	*Kassettenrecorder mit ruhiger Musik.*	*Verdunkelt. Die Taschenlampen beleuchten die Decke.*

Auswertung:

Für eine Aufführung dieses anspruchsvollen Darstellungsspiels auf einem Fest mit den Eltern können die notwendigen Verkleidungen erstellt werden: Schnäbel, Flügel oder Federkleider. Dadurch wird dieses Spiel noch eindrucksvoller.

Rollenspiellied: Im Märchenwald

Ziel: Verbesserung der Motorik, Förderung der visuellen, olfaktorischen und auditiven Wahrnehmung, Förderung der Darstellungsfähigkeit

Kinderzahl:	16
Alter:	ab 5 Jahre
Dauer:	ca. 40 Minuten
Material:	– ein großer Weidenkorb

– viele verschiedenfarbige Tücher (erdfarben)
– Belebungsmaterial wie: Moos, Steine, Tannenzapfen, Wurzeln, Gräser, Äste, Zweige
– für jedes Kind eine Matte
– Lampe
– Triangel
– Sprechstein [5]
– Glockenspiel
– viele Äste und Zweige (für das symbolische Feuer)
– rotes Kreppapier
– zwei Gymnastikstäbe

Raum-vorbereitung: Die Matten werden in Kreisform angeordnet. Die restlichen Materialien liegen griffbereit in einem Korb. Der Raum ist verdunkelt. Er wird durch eine Lampe erhellt.

Ablauf: Die Kinder setzen sich auf die Matten und machen zum Einstieg gemeinsam eine kurze Phantasiereise in einen Wald. Sie schließen die Augen und stellen sich in ihrer Phantasie einen wunderschönen Wald vor. Nach dem Signal *(Triangel)* öffnen sie die Augen. Mit Hilfe des Sprechsteins wird im Gespräch alles gesammelt, was den Kindern zu

---

[5] Der Sprechstein dient zur Gesprächssteuerung. Das Kind, das ihn in seiner Hand hält, kann erzählen, und die anderen Kinder hören ihm zu.

dem Wort Wald spontan einfällt, z. B. was sie in einem Wald sehen, hören, fühlen und riechen können, wem man in einem Wald begegnen kann, Waldbewohner usw.

Die Kinder gestalten mit den o. g. Materialien eine Waldlandschaft. Anschließend macht ein Kind einen Spaziergang durch diese Landschaft. Dabei sieht und hört es in seiner Phantasie viele Dinge. Anschließend kann es den anderen Kindern davon berichten.

Variation: Ein Kind versetzt sich in die Rolle eines Tieres oder einer Märchenfigur. Entsprechend dieser Rolle tanzt *(Fee)*, schleicht *(Räuber)*, fliegt *(Vogel)* usw. es, solange das Glockenspiel spielt, durch die gelegte Waldlandschaft und berichtet anschließend ebenfalls von diesen Eindrücken.

Lied „In einem Wald, da ist es schön" *(Melodie: Vogelhochzeit)*

In einem Wald, da ist es schön, da kannst du viele Dinge sehn. Fideralala...	*Vier Kinder stellen Bäume dar.*
Die Zwerge wohnen in dem Baum, die sind so klein, du siehst sie kaum. Fideralala...	*Zwei Kinder verstecken sich hinter einem Baum und schauen hervor.*
Der Räuber sitzt im Räuberhaus und kommt am Tag dort nicht heraus. Fideralala...	*Zwei Kinder bilden mit ihren Händen ein Dach, ein Kind sitzt darunter.*
Die Hexen fliegen wie der Wind durch den Wald, leis' und geschwind. Fideralala...	*Zwei Kinder nehmen Gymnastikstäbe zwischen ihre Beine und laufen durch den Raum.*
Die Hasen hoppeln froh umher, den Wald, den mögen sie gar sehr. Fideralala...	*Zwei Kinder hüpfen durch den Raum.*

Die Vögel fliegen aus dem Haus, im Wald, da kennen sie sich aus. Fideralala…	*Zwei Kinder laufen mit zur Seite gestreckten Armen durch den Raum.*
Das Wildschwein grunzt und scharrt im Dreck, will niemals aus dem Wald hier weg. Fideralala…	*Ein Kind krabbelt durch den Raum.*
Drum willst du in den Wald mal gehn, gib acht, dort kannst du vieles sehn. Fideralala…	*Ein Kind geht durch den Raum und schaut überall herum.*
Und ist im Wald dann endlich Ruh, macht jeder seine Augen zu. Fideralala… *(summen)*	*Alle Mitspieler gehen in die Hocke und schließen die Augen.*

Abschluß:

Aus den bereitgelegten Ästen und Zweigen und dem roten Krepp-papier machen die Kinder symbolisch ein Feuer. Jedes Kind überlegt sich, welchen Waldbewohner es darstellen will. Gemeinsam wird noch einmal das o. g. Lied gesungen. Dabei tanzen die darstellenden Kinder den Strophen entsprechend.

Schattenspiel: Die Räuber Ratz und Fatz

Ziel: Verbesserung der Motorik, Verbesserung der Ausdrucksfähigkeit, Entwicklung von Freude an der Bewegung

Kinderzahl:	8–10
Alter:	ab 5 Jahre
Dauer:	ca. 30 Minuten
Material:	– ein Bettuch, das an einer Schnur als Leinwand aufgehängt wird
	– zwei Räuberhüte
	– eine Lampe
	– zwei große, leere Säcke
	– zwei mit Papier ausgestopfte Säcke
	– zwei Topfdeckel

Einstieg:

In einer Experimentierphase machen sich die Kinder mit dem Schattenspiel vertraut.

Spielgeschichte

Die Räuber werden jeweils von zwei anderen Kindern gespielt.

Erzähler: In einem dicken Tannenwald steht auf einer Lichtung ein altes verfallenes Haus. Dort wohnen schon seit vielen Jahren die gefürchteten Räuber Ratz und Fratz. In der nahegelegenen Stadt richten sie täglich neuen Schaden an. Sie plündern und rauben, was ihnen zwischen die Finger kommt. Bisher hat sie noch niemand dabei erwischt, und deshalb werden ihre Schätze von Tag zu Tag mehr. Den Tag verbringen sie in ihrem Haus hinter verschlossenen Türen. Doch sobald die Dunkelheit einbricht, schleichen sie mit großen, leeren Säcken in die Stadt.

Ratz und Fratz gehn auf die Reise.	*Zwei Kinder schleichen mit*
Sie geben acht und schleichen ganz leise.	*einem leeren Sack hinter*
	dem Tuch hin und her.

Ratz und Fratz gehn auf die Reise. *Zwei Kinder schleichen mit*
Sie geben acht und schleichen ganz leise. *einem leeren Sack hinter*
                                          dem Tuch hin und her.

Sie kommen in jedes verschlossene Haus *Klirrendes Geräusch*
und rauben dort alle Schränke aus. *hinter dem Vorhang.*

Mit vollem Sack kehren sie zurück, *Zwei Kinder gehen mit*
niemand hat sie gesehen, zum Glück. *vollem Sack hinter dem*
                                     Tuch hin und her.

Jeden Tag bringen sie etwas Neues heran. Mal sind es Perlen, Ketten und Ringe, ein anderes Mal wertvolle Töpfe und Krüge. Es gibt nichts, was Ratz und Fratz nicht gebrauchen können. Sie verstecken alles in großen Schatztruhen. Doch Ratz und Fratz sind nie zufrieden. Sobald es dunkel wird, machen sie sich erneut auf den Weg, um die Menschen zu berauben.

Schattenspiel und Vers: „Ratz und Fratz gehn auf die Reise…"

Ratz und Fratz sind stolz auf ihre Räuberei. Jede Nacht, wenn sie von ihrem Streifzug nach Hause kommen, feiern sie und essen und trinken sie bis zum frühen Morgen. Dann fallen sie müde in ihre Betten und schlafen den ganzen Tag. Am Abend sind sie wieder zu neuen Taten bereit.

Schattenspiel und Vers: „Ratz und Fratz gehn auf die Reise…"

Die zwei gefürchteten Räuber sind nicht zu fangen, und darauf sind sie stolz. Ausgelassen singen und tanzen sie nachts oft vor ihrem Haus. Ihr Lied ist dann bis in die Stadt hinein zu hören. Doch bisher ist noch niemand den beiden auf die Schliche gekommen.

Schattentanz mit Lied *(Melodie: Vogelhochzeit):*

Silber, Gold und Edelstein,
die sollen unsre Schätze sein.
Heia, hoppsassa, hei, hoppsassa, heia, hoppsa, hoppsassa.

Nachts, da schleichen wir ins Haus
und rauben alle Schränke aus.
Heia, hoppsassa ...

Wir sind die größten hier im Land,
sind allen Menschen gut bekannt.
Heia, hoppsassa ...

Erzähler: Nachdem sie sich müde getanzt haben, legen sie sich schlafen. Im
Wald ist es still. Doch das Schnarchen der beiden ist gut zu hören.

Die Kinder schnarchen wie Räuber.

Auswertung:
Dieses Schattenspiel kann anderen Kindern aus dem Kindergarten
vorgespielt werden.

FINGERSPIELE

Durch Fingerspiele, die im Morgenkreis, Abschlußkreis oder zwischendurch angeboten werden, wird die Feinmotorik der Kinder verbessert, die auditive und visuelle Serialität stark gefördert. Die Kinder lernen sich, d. h. ihre Stimme, ihr Redetempo und ihren Sprachrhythmus kennen und verbessern dadurch ihre Sprachfähigkeit. Ihr Wortschatz wird erweitert und aktiviert, Selbstsicherheit und Selbstwertgefühl werden gestärkt. Sie überwinden die Angst, trauen sich etwas Neues zu und stärken so ihr Selbstbewußtsein.

Fingerspiel: Eine ungewöhnliche Freundschaft

In dem frischen, grünen Grase sitzt ein kleiner, brauner Hase.
Mittelfinger und Ringfinger auf den Daumen legen.

Er spitzt die Ohren, schaut umher,
Zeigefinger und kleinen Finger strecken, die Hand hin und her drehen.

die Frühlingssonne mag er sehr.
Die Finger beider Hände spreizen und hochhalten.

Mal hoppelt er, vergnügt und heiter,
Mittel- und Ringfinger auf den Daumen legen, Zeigefinger und kleinen Finger strecken, Hüpfbewegungen machen.

dann ruht er aus, läuft wieder
weiter.

Bewegungen wie im Text.

Er sieht in der Ferne eine Maus,
sie krabbelt gerade aus ihrem
Haus.

*Die Finger der anderen Hand an die
Stirn legen. Zeige-, Mittel-, Ringfinger und den kleinen Finger der anderen Hand auf den Daumen legen.*

Sie stehen voreinander,
schauen sich an, schon fängt
die Maus zu reden an.

*Die rechte und die linke Hand
(Hase und Maus) werden voreinander gehalten.*

„Guten Tag, Hase, ich fänd'
es schön, wenn wir ein Stück
zusammen gehn."

*Mit den Fingern der „Maus"
Sprechbewegungen machen.*

„O ja, dann bin ich nicht allein
das Laufen macht mehr Spaß
zu zwein."

*Mit den Fingern des „Hasen"
Sprechbewegungen machen.*

Vergnügt marschieren Hase
und Maus zusammen weiter
geradeaus.

*Mit beiden Händen Gehbewegungen
machen.*

Die Maus sagt: „Danke, es war
sehr nett, doch jetzt bin ich
müde und gehe ins Bett."

*Die Hände zueinander drehen.
Die „Maushand" verschwindet hinter
dem Rücken.*

„Mach's gut, kleine Maus",
sagt freundlich der Hase,
setzt sich dann hin und
rümpft seine Nase.

*Mit der Hand Sprechbewegungen
machen.
Die Finger auf dem Daumen leicht
hin und her bewegen.*

Er hoppelt nach Haus,
der Tag war sehr schön,
morgen will er wieder zu
seinem Freunde gehn.

*Mit der Hand Hoppelbewegungen
machen.
Die Hand verschwindet hinter dem
Rücken.*

Fingerspiel: Die Feinschmecker

In einem Mausehaus,
recht klein, leben fünf Mäuse
ganz allein.

*Mit den Fingern der beiden Hände
ein Dach bilden.
Mit den Fingern zappeln.*

Jede sucht sich schon früh
am Tag zu fressen das, was
sie gern mag.

*Mit den Fingern Laufbewegungen
machen.
Mit den Fingern Freßbewegungen
machen.*

Die erste Maus frißt gerne
Speck und läuft schnell vor
der Katze weg.

Den Daumen zeigen.

Die zweite Maus frißt gerne
Brot, sie leidet niemals große
Not.

Den Zeigefinger zeigen.

Die dritte Maus frißt gerne
Kuchen, den muß sie nicht
sehr lange suchen.

Den Mittelfinger zeigen.

Die vierte Maus frißt gerne
Wurst, danach hat sie großen
Durst.

Den Ringfinger zeigen.

Die kleine Maus, sie frißt die
Reste, das ist für sie das
Allerbeste.

Den kleinen Finger zeigen.

Am Abend krabbeln sie
nach Haus, legen sich hin
und ruhn sich aus.

*Über die gespreizten Finger der
anderen Hand laufen.
Die Finger in die Handfläche der
anderen Hand legen.*

Der Regenwurm Klaus

Jedes Kind bekommt einen Wollfaden zur Darstellung des Regenwurmes Klaus. Dieser Wollfaden wird in einer Faust versteckt. Das Spiel wird zuerst von einem Erwachsenen vorgespielt.

In einem dunklen Erdenhügel
wohnt ein Tier, ganz ohne
Flügel.

Die Faust zeigen.

Ich hol' es jetzt aus meiner Hand,
es ist jedem hier bekannt.

Ganz langsam kriecht dort
nun heraus ein Regenwurm
mit Namen Klaus.

Langsam den Faden aus der Hand ziehen.

In der Erde ist ein Loch,
und unser Klaus kriecht an
mir hoch.

Die Faust zeigen.

Schiebt sich zuerst den Arm
hinauf ganz langsam und mit
viel Geschnauf.

Langsam den Faden am Arm hoch ziehen.

Kriecht auch auf den Kopf
ganz munter über den anderen
Arm herunter.

Den Faden über den Kopf ziehen.
Mit der anderen Hand den Faden am Arm herunter ziehen.

Über den Bauch kriecht
dieser Wicht, plötzlich ist er
im Gesicht!

Den Faden über den Bauch nach oben ziehen.
Den Faden ins Gesicht ziehen.

Es kitzelt, ich muß ganz laut
niesen, er landet kurz vor
meinen Füßen.

Laut niesen.
Den Faden vor die Füße fallen lassen.

Ich heb' ihn auf und steck
ihn fein in das Erdloch
schnell hinein.

Den Faden aufheben und in die Faust stecken.

Fingerspiel: Ein Donner-Wetter

Hinweis: Dieses Spiel kann mit den Fingern in der Luft, auf einer Tischplatte oder auf dem Körper eines anderen Kindes gemacht werden.

Sehr langsam und ganz leise macht die Sonne ihre Reise.	*Die Hände formen die Sonne.*
Jetzt ziehn am Himmel auch daher sehr viele dunkle Wolken, schwer.	*Die Hände formen Wolken.*
Aus ihnen fällt heraus etwas, es macht mich naß, was ist denn das?	*Die Finger zappeln rauf und runter.*
Regentropfen laufen munter über Stirn und Nas' hinunter.	*Mit zappelnden Fingern durch das Haar und über das Gesicht fahren.*

Pitsch und patsch, ich werde naß,
das Spiel im Regen macht mir Spaß.

Die Handflächen aufeinander schlagen und reiben.

Plötzlich donnert es und kracht,
dieses mich ganz ängstlich macht.

Mit der Faust auf den Brustkorb schlagen und in die Hände klatschen.

Ich lauf ins Haus und schau hinaus,
naß werden Baum und Strauch
und Haus.

Mit den Füßen auf den Boden trampeln.

Vorbei sind Blitz, Donner und Regen,
die Sonne kommt, o, welch ein Segen.

Mit den Händen die Sonne formen.

Sehr langsam und ganz leise
macht sie weiter ihre Reise.

Fingerspielgeschichte: Klitzeklein und Riesengroß

Hinweis: Mit den Fingern werden die Dinge, die klitzeklein und riesengroß sind, gezeigt und dargestellt.

An einem wunderschönen Tag treffen
sich im Urwald zwei Elefanten.
Der eine ist riesengroß,

Mit den Händen einen großen Elefanten darstellen.

und der andere ist klitzeklein.

Mit den Fingern einen kleinen Elefanten darstellen.

Der Große hat einen langen Rüssel,

Den bekannten Elefantenrüssel machen.
(Mit Daumen und Zeigefinger der einen Hand an die Nase fassen. Den anderen Arm ganz durch das entstandene Loch schieben.)

und der Kleine einen kurzen Rüssel.

Den kleinen Elefantenrüssel machen.
(Mit Daumen und Zeigefinger ein Loch formen und den Zeigefinger der anderen Hand hindurchschieben.)

Der große Elefant

Mit den Händen den großen Elefanten darstellen.

fragt den kleinen Elefanten:

Mit den Fingern den kleinen Elefanten darstellen.

„Warum bist du so klein?"

„Weil ich aus dem Land Klitzeklein
komme und dort alles so klitzeklein
ist", antwortet der kleine Elefant.

Mit den Fingern den kleinen Elefanten darstellen.

„Warum bist du so groß?" fragt der
kleine Elefant.

„Weil ich aus einem Land komme,
in dem alles sooooo riesengroß
ist", erwidert der große Elefant.

*Mit den Händen den großen
Elefanten darstellen.*

„Komm, ich zeige dir mein Land
Klitzeklein. Es liegt genau um die
Ecke", sagt der kleine Elefant.

*Mit den Fingern den kleinen
Elefanten darstellen.*

So gehen Klitzeklein und Riesengroß ins klitzekleine Land.

*Mit den Fingern und Händen
darstellen.
Mit den Fingern einen klitze-
kleinen Kreis malen.*

Riesengroß staunt, denn alles um
ihn herum ist winzig klein.

Die Berge sind so klein,

*Die Fingerspitzen der Zeige-
finger voreinander halten.
Alles wird mit den Fingern
dargestellt.*

die Bäume sind so klein,

sie tragen so kleine Bananen
und so kleine süße Früchte,
die Blumen auf der Wiese sind
so klein.
Auch die Steine am Fluß sind
alle so klein.
Die Sonne am Tag ist so klein,
und auch die Sterne in der Nacht
Die Zeigefinger übereinander
sind so klein.
kreuzen.
Die anderen Tiere, denen sie
begegnen, sind auch klein,
das Krokodil ist so klein,
alle Elefanten sind so klein
und haben einen so kurzen Rüssel.

Den kleinen Rüssel zeigen.

Auch der Freßnapf des Elefanten
ist so klein.
Nein, von einer solch kleinen
Portion würde Riesengroß
niemals satt.
Auch die Menschen in dem Land
sind so klein.

Riesengroß will nun Klitzeklein   *Das Folgende wird mit der*
sein Land zeigen.   *Hand dargestellt.*
Es liegt hinter der anderen Ecke.

Klitzeklein ist sprachlos, alles hier
ist sooooo groß.

Die Berge sind sooooo groß,
die Bäume sind sooooo groß.
Sie tragen sooooo große Früchte.
Die Blumen auf der Wiese
sind sooooo groß,
und die Steine am Fluß sind
sooooo groß.
Die Sonne am Tag ist sooooo groß,
und die Sterne in der Nacht sind   *Die Arme kreuzen.*
sooooo groß.
Das Krokodil hier ist sooooo groß,
und alle Elefanten sind sooooo groß.
und haben einen sooooo langen
Rüssel.
Der Freßnapf von Riesengroß ist
sooooo groß,
daß Klitzeklein darin schlafen will.
Auch die Menschen in diesem Land
sind sooooo groß.

Nun wissen die beiden, warum der
eine so riesengroß und
der andere so klitzeklein ist.
Doch das macht ihnen gar nichts.
Zufrieden gehen sie durch den
Urwald und halten sich freund-
schaftlich an ihren Rüsseln fest.

Mit den Fingern darstellen.

*Der kleine Finger verhakt
sich mit dem Zeigefinger
der anderen Hand.*

Fingerspiel: Das Eisbärkind

Behutsam in des Mutters Fell,	*Mit der linken Hand wird eine Schale gebildet.*
da liegt das Eisbärkind.	*Die rechte Hand kuschelt sich dort hinein.*
Es rührt sich gar nicht von der Stell,	*Linke Hand ruhig halten.*
denn kalt ist hier der Wind.	*Auf die linke Hand pusten.*
Die Mutter wiegt es hin und her,	*Leicht die linke Hand hin und her bewegen.*
das Eisbärkind schläft ein.	*Lächeln.*
Das Ruhen fällt auch ihr nicht schwer,	
sie packt das Kind warm ein.	*Die linke Hand leicht schließen.*

Das Baby träumt in Mutters Arm
von sehr schönen Sachen.
Der Mutter wird's dabei ganz warm,
muß vor Freude lachen.

Es dunkelt schon, es kommt die Nacht,	
die Sterne funkeln fein.	
Die Mutter hält noch treue Wacht,	*Leicht die linke Hand hin und her bewegen.*
doch bald schläft sie auch ein.	*Den Kopf senken.*

Fingerspiel: Die Vögel

Alle meine Finger hier sind Vögel, komm, ich zeig sie dir.	*Mit den Fingern einer Hand zappeln.*
Der Daumen, ja, der fliegt sehr weit, trägt ein goldnes Federkleid.	*Den Daumen zeigen.*
Der Zeigefinger schwebt am Himmelszelt, er kennt die große, weite Welt.	*Den Zeigefinger zeigen.*
Der Mittelfinger spannt die Flügel aus, fliegt geschwind zurück nach Haus.	*Den Mittelfinger zeigen.*
Der Ringfinger kreist leise seine Runde, macht eine Rast zu jeder Stunde.	*Ringfinger zeigen.*
Der kleine Finger ist das Vogelkind, läßt sich gern treiben von dem Wind.	*Den kleinen Finger zeigen.*
Kommt dann der Abend still daher, freuen sich die Vögel sehr.	
In ihrem Nest, dort ist es schön, wollen alle schlafen gehn.	*Aus der anderen Hand ein Nest formen. Die fünf Finger legen sich in die andere Hand.*

Fingerspiel: Fünf alte Bäume

Alle Bäume, groß und klein,
schlafen unter dem Himmel ein.

Die Finger strecken.
Die Finger einknicken.

Es schlafen auch fünf alte Bäume
und haben dabei ihre Träume.

Die Hand ist zu einer Faust geballt.

Der erste träumt, er ständ' im Park,
wo jeder ihn bewundern mag.

Den Daumen zeigen.

Der zweite träumt, er ständ'
im Garten, wo viele Kinder
auf ihn warten.

Den Zeigefinger heben.

Der dritte träumt, er ständ'
am Strand und unter ihm wär'
warmer Sand.

Den Mittelfinger heben.

Der vierte träumt, er ständ' im Zoo,
die Affen klettern in ihm froh.

Den Ringfinger heben.

Der fünfte, ja, der Kleine,
er träumt, er wär' alleine.

Den kleinen Finger heben.

So träumt ein jeder seinen Traum
und denkt, er sei ein anderer Baum.

Die Hand ist zur Faust geballt.

Die Sonne kommt, der Traum ist aus,
fünf Bäume steh'n wieder vor dem
Haus.

Die Finger wieder strecken.

4.3 Eutonische Spiele, Phantasiereisen, Körpererfahrungsspiele

Damit Kinder den täglichen Anforderungen, die an sie gestellt werden, begegnen können, sollte die Erzieherin ihnen Möglichkeiten und Hilfen anbieten, durch die sie mit sich und ihrer Umwelt wieder in Einklang kommen können. Kinder, die Zugang zu sich selbst haben, haben auch Zugang zu ihrer Umwelt, können ihren Nächsten annehmen und sich mit Schwierigkeiten besser auseinandersetzen. Mit Hilfe von eutonischen Angeboten, Phantasiereisen und Körpererfahrungsspielen können Kinder eins werden mit ihrem Körper und ihrem Geist. Sie entwickeln neue, soziale Kräfte, fühlen ihre eigene Körperlichkeit und sind dadurch besser in der Lage, sich in der Welt zurechtzufinden.

Der Schwerpunkt dieser Angebote liegt darin, die Körperempfindungen zu wecken und zu sensibilisieren. Die Kinder sollen diese Empfindungen Schritt für Schritt in Ruhe und Bewegung, in der An- und Entspannung neu entdecken, erleben und genießen. Gemeinschaftlich, aber auch allein werden den Kindern Hilfen angeboten, um Körper und Geist in Einklang zu bringen. Hemmungen und Ängste sollen überwunden und die Persönlichkeitsentwicklung gefördert werden. Die Kinder stärken durch diese Angebote ihre taktil-kinästhetische Wahrnehmung, erspüren ihre Körperschemata, lernen ihre Grenzen kennen und zu akzeptieren und erfahren neues Selbstwertgefühl. In einer harmonischen und stillen Umgebung lernen die Kinder ihre eigene Körpersprache und die ihres Partners kennen und darauf zu reagieren. Sie bauen Vertrauen auf und können so angstfrei Blockaden abbauen. Ihre ganzheitliche Entwicklung wird positiv unterstützt.

EUTONISCHE SPIELE

Eutonie: Fleißige Helfer im Garten

Ziel: Förderung der Körperwahrnehmung, Förderung der auditiven Serialität, Verbesserung der Grobmotorik, Förderung der taktilen Wahrnehmung, Förderung der vestibulären Wahrnehmung, Förderung der olfaktorischen Wahrnehmung (Geruchssinn)

Kinderzahl:	6–10
Alter:	ab 5 Jahre
Dauer:	ca. 45 Minuten
Material:	– Kassettenrecorder mit meditativer Musik
	– eine dicke Kerze
	– Streichhölzer
	– für jedes Kind ein Teelicht
	– Gartenerde
	– eine Tischdecke oder ein Stück Folie als Unterlage für die Gartenerde
	– für jedes Kind eine Handtrommel
	– ein Triangel
	– eine Glocke
	– eine Feder
	– 6–10 Tennisbälle
	– 6–10 Wollfäden

Raumvorbereitung: Für jedes Kind liegt eine Decke und ein kleines Kissen bereit (in Kreisform angeordnet). In der Kreismitte steht eine Duftschale. Der Raum ist verdunkelt und erwärmt. Die Materialien liegen griffbereit. Die Kreismitte wird von einer kleinen Lampe erhellt.

Einstieg:

Die Kinder betreten leicht bekleidet und ohne Schuhe den Raum und setzen sich auf eine Decke. Die Erzieherin begrüßt die Kinder und fordert sie auf, ihren Körper von allem Unerfreulichen, das sie heute schon erlebt haben, zu befreien *(Hausputz halten)*. Dazu schließen die

Kinder ihre Augen. Bei meditativer Musik lassen sie den Tag an sich vorüber ziehen. Danach schlagen, klopfen, reiben sie mit den Händen ihren gesamten Körper sauber. Der Dreck wird mit der Hand zusammengefegt und zur Duftlampe gebracht und verbrannt. Die Erzieherin stellt eine zweite Kerze in die Mitte *(Diese Kerze strahlt hell und schön)*. Von ihr holen sich die Kinder reines Licht, Wärme und schöne Gedanken. Damit reiben sie ihren gesamten Körper ein.

Entspannung:
Die Erzieherin bittet die Kinder, sich in der folgenden Phase vorzustellen, etwas zu sein, das in der Erde wohnt, wächst oder liegt. Sie berührt jedes Kind mit einer Feder. Nach dieser sanften Berührung legen sich die Kinder entspannt auf die Decke, schließen die Augen und begeben sich mit Hilfe von meditativer Musik auf die Traumreise.

Aufwachspiel:
Die Kinder werden sanft mit der Feder geweckt. Langsam können sie ihren Körper bewegen, sich bewußt recken und strecken, gähnen und sich hinsetzen.

Gespräch mit Identifikationsspiel:
In einem Gespräch können die Kinder berichten, was sie sich im Traum vorgestellt haben. Die Erzieherin greift einige Beispiele auf. In einem Identifikationsspiel, in dem die Kinder bewußte Anspannungs- und Entspannungsübungen machen, werden diese genannten Dinge dargestellt.

Bei einem Glockenton spannen die Kinder ihre Muskulatur an, beim nächsten Glockenton entspannen sie sich wieder (jeweils mehrfach durchführen).

Beispiele:

Stein
Die Kinder setzen sich. Beim Glockenton machen sie sich nun bewußt schwer, spannen die Muskulatur an und halten den Atem an. Durch das Signal wird diese Anspannungsphase beendet.

Käfer

Die Kinder liegen auf dem Rücken. Beim Glockenton ziehen sie ihren Körper zusammen und umschließen die Beine mit den Händen. In dieser Stellung bleiben sie eine Weile, um sie bewußt zu erleben. Bei dem Signal lösen sie Beine und Arme und zappeln sich frei.

Baumwurzel

Die Kinder stellen sich auf die Decke. Bei einem Signal pressen sie ihre Füße fest auf den Boden *(fest im Boden verwurzelt)*. Ihre Arme und Finger strecken sie ganz weit nach oben. Bei dem Signal fällt der Oberkörper locker nach vorne, und sie atmen leicht weiter.

Ameise

In der Mitte liegen Tennisbälle. Die Kinder befinden sich in der Bankstellung (Hände und Knie sind auf dem Boden). Beim Signal drücken sie ihre Hände und Knie fest auf den Boden. Beim nächsten Signal krabbeln sie schnell in die Mitte, holen einen Ball und legen sich damit auf die Decke.

Abschluß:

Die Kinder können in einer erneuten Entspannungsphase mit den Tennisbällen ihren gesamten Körper sanft massieren. Meditative Musik begleitet dieses erholsame Spiel.

In der Zwischenzeit legt die Erzieherin Gartenerde in die Mitte.

Nach dem Streichelspiel können die Kinder in einem Gespräch ihre Erfahrungen austauschen. Danach kann die Erde erfühlt und untersucht werden. Die Kinder können, mit etwas Glück, einen Teil der Dinge, die dargestellt wurden, entdecken.

Hinweis: Die Kinder sollten einen Regenwurm finden. Er ist als Übergang für die folgende Geschichte wichtig.

Gespräch mit Identifikationsspiel:

Es folgt ein Gespräch über Regenwürmer. Danach stellt jedes Kind einen Regenwurm dar. Alle legen sich dazu zusammengerollt auf die Decke. *(Jetzt wühlt ihr euch in die Erde hinein.)* Dann strecken sie langsam ihren Körper und kriechen so flach es geht ein Stück vorwärts, rollen sich wieder zusammen usw.

Geschichte

Die Erzieherin erzählt die unten aufgeführte Geschichte. Anschließend bekommen die Kinder Handtrommeln und können damit in
einer Experimentierphase versuchen, Teile der Geschichte *(Regenwurm, Regen)* darzustellen. Die Geschichte kann noch einmal vorge-
lesen und mit den Handtrommeln begleitet werden.

In einem kleinen Garten, in warmer,
weicher, lockerer Erde
wohnt Raps, der kleine Regenwurm.   *eine Handtrommel*

Frisch und munter kriecht er Stück
für Stück vorwärts. Ohne Pause
lockert er den Boden.

Mit ihm wühlen viele andere lange
Regenwürmer.   *alle Handtrommeln*
Langsam wühlen sie sich vorwärts.

Die Sonne scheint, und das   *Triangel*
Wühlen wird schwerer.
Der Boden ist hart und steinig,
und nur mühsam kommen sie vorwärts.   *alle Handtrommeln*

Nach einiger Zeit hören sie ein
Geräusch. Sie bleiben stehen
und lauschen.

Viele Regentropfen fallen auf die   *Mit den Fingerkuppen*
Erde und machen sie   *auf die Handtrommel*
schmierig und glitschig.   *schlagen.*

Der Boden wird wieder weich, und
die Regenwürmer kriechen flink
durch die weiche Erdmasse.   *alle Handtrommeln*
Der Boden über ihnen bricht auf,
und sie schieben sich ins Freie.

Ganz still sitzen sie auf der
Erde und ruhen sich aus. Leise

fällt der Regen auf ihren
Körper.

alle Handtrommeln

Der Regen hört auf, und
die dunkle Wolkendecke öffnet
sich. Die Sonne erscheint wieder
am Himmel und wärmt die vielen
Regenwürmer.

Triangel

Schluß:
Jedes Kind stellt ein leuchtendes Teelicht zu der Erde in der Kreismitte. Dazu werden die Wollfäden, symbolisch für einen Regenwurm,
auf die Erde gelegt. Die Kinder setzen sich um die Erde und verbringen einige Minuten in Ruhe.

Eutonie: Zauberbälle

Ziel: Förderung der Grob- und Feinmotorik, Förderung der visuellen Serialität, Förderung der auditiven und taktilen Wahrnehmung, Förderung der Sensibilität, Erfahren der Grenzen, Erleben von Anspannung und Entspannung

Kinderzahl: 6–10
Alter: ab 5 Jahre
Dauer: ca. 45 Minuten
Material:
 – für jedes Kind eine Decke und ein Kissen
 – eine Duftlampe
 – Streichhölzer
 – für jedes Kind ein Teelicht
 – ein aufgeblasenes Planschbecken
 – viele verschiedene Bälle, z. B. Tischtennisbälle, Tennisbälle, Noppenbälle, Schaumgummibälle, Gymnastikbälle, Bocciakugeln, große Holzkugeln, Wasserbälle
 – eine Lampe
 – mehrere Tücher zum Abdecken
 – eine Feder
 – ein großer Sprechstein

Raumvorbereitung: Die Decken sind in Kreisform angeordnet. Der Raum ist verdunkelt. In der Kreismitte liegt ein braunes Tuch. Darauf steht eine Duftlampe. Die übrigen Materialien liegen griffbereit unter Tüchern. Eine Lampe erhellt den Raum. Der Sprechstein liegt in der Mitte. (Er wird als Medium bei den Gesprächen herumgereicht. Wer sich nicht mitteilen will, gibt den Stein an ein anderes Kind weiter.)

Einstieg:
Die Kinder setzen sich auf die Decken, schließen die Augen. Sie atmen die Stille ein und geben sich einem Gefühl der Ruhe und Geborgenheit hin. Danach werden einige Atemspiele durchgeführt.

Mit dem Atem malen

Durch die Nase wird tief eingeatmet. Beim Ausatmen durch den leicht gespitzten Mund malen die Kinder mit ihrem Kopf einen Strich. Der Strich ist so lang, wie die Ausatmungsphase dauert. Mehrmaliges Wiederholen.

Variationen: Kreis, Quadrat, Zick-Zack-Linie

Punkt malen

Durch die Nase wird tief eingeatmet. Beim Ausatmen durch die Nase entsteht ein Punkt, der bei jedem Ausatmen größer wird. Die Größe des entstandenen Punktes entspricht der Ausatmungslänge.

Traumkugeln zaubern

Durch die Nase wird tief eingeatmet. Beim Ausatmen durch die Nase entsteht eine dicke Traumkugel. Jedes Kind packt dort hinein einen Traum oder einen Wunsch und läßt sie zur Sonne fliegen. Dann wird erneut geatmet und eine neue Traumkugel entsteht.

Phantasiereise

Die Kinder atmen nun entspannt. Bei einer Berührung, z. B. mit einer Feder, legen sie sich locker auf die Decke und machen eine kurze Phantasiereise.

Leg dich locker auf die Decke.
Dein Körper breitet sich auf der Decke aus.
Spüre dich in die Decke hinein.
Fühle den Boden, auf dem du liegst.
Spüre deinen Rücken, dein Gesäß, deine Schultern, deine Beine, deine Fersen, deine Arme, deine Handteller, deinen Kopf.
Spüre Anfang und Ende deines Körpers.
Schau nun in die Wolken.
Viele große und kleine Wolken ziehen über dich hinweg.
Sie fliegen mit dem Wind weit fort.
Du träumst davon, mit ihnen zu fliegen.
Da öffnet sich eine Wolke, und heraus fallen unzählige große und kleine, bunte Bälle.

Sie fallen auf deinen Körper. Sie berühren deinen Bauch, sie fallen auf deine Beine, auf dein Gesicht.
Sie fallen ganz leicht und tun dir nicht weh.
Du magst das leichte Trommeln der Bälle auf deinem Körper.
Du liegst ruhig da und genießt diese Massage.

In einer kurzen Pause stellt die Erzieherin ein Planschbecken mit vielen Bällen in die Kreismitte.

Du fängst einen Ball und pustest einen Traum oder einen Wunsch in ihn hinein.
Der Wind nimmt den Ball mit deinem Traum oder Wunsch mit fort.
Plötzlich spürst du die Bälle nicht mehr.
Vorsichtig bewegst du deine Hände, deine Finger, deine Beine, deinen Bauch, deinen ganzen Körper, öffnest die Augen, reckst und streckst dich, setzt dich und siehst die Bälle in dem Planschbecken.

Die Kinder können über ihre Erlebnisse berichten. Danach werden allein oder zu zweit Massagespiele, Körpererfahrungsspiele oder andere Reaktionsspiele mit den unterschiedlichen Bällen gemacht. Die Kinder können experimentieren. Musik untermalt diese Wahrnehmungsspiele.

Einzelspiele

- Jedes Kind nimmt sich einen Ball und umfährt damit seinen ganzen Körper. Es versucht dabei, immer mit dem Ball in Kontakt zu bleiben. Es umkreist die Arme, die Beine, den Bauch und Rücken usw.
- Die Kinder setzen sich auf die Bälle, rollen leicht hin und her und nehmen so ihr Gesäß wahr.
- Sie rollen die Bälle mit den Fuß- und Handflächen und versuchen dabei, die gesamte Fuß- und Handfläche wahrzunehmen.
- Sie legen sich mit dem Rücken und dem Bauch auf die Bälle, rollen leicht hin und her und nehmen so diese Körperteile wahr.
- Sie fühlen die Bälle und spüren ihre Beschaffenheit und ihr Gewicht.

Partnerspiele

- Ein Kind wird mit den Bällen massiert.
- Der Körper des Partners wird mit Bällen umlegt und eingegrenzt.
- Der Körper des Partners wird mit Bällen zugedeckt.

Hinweis: Bei allen Spielen sollte darauf geachtet werden, daß unterschiedliche Bälle genommen werden. Zwischenzeitlich können in Gesprächen immer wieder die Erfahrungen ausgetauscht werden.

Schlußspiel

Alle Bälle werden wieder in das Becken gelegt, und die Kinder können nacheinander oder zusammen in das Ballbecken. Sie sollen nach Möglichkeit mit ihrem ganzen Körper im Ballbecken liegen.

Ruhiger Abschluß

Die Kinder legen sich zusammengerollt wie ein Ball auf die Decke. Sie nehmen sich als Kugel wahr. Dazu spannen sie die Muskulatur an. In dieser Lage verweilen sie einige Zeit und lauschen ruhiger Musik.

In der Zwischenzeit stellt die Erzieherin vor jedes Kind eine Kerze.

Die Kinder werden mit Hilfe einer Feder wieder aus der Anspannung geholt und schauen in das Licht der Kerze. Sie holen sich mit den Händen Licht, formen daraus einen Lichtball, pusten einen Traum oder Wunsch hinein und schicken ihn zur Sonne. *(Die Hände werden langsam nach oben geführt.)*

Danach kann jedes Kind über seine Erlebnisse berichten. Abschließend werden die Kerzen gelöscht, und alle verlassen den Raum.

Eutonie: Ich spüre mich

Ziel: Förderung des Körperbewußtseins, Förderung der taktilen Wahrnehmung, Förderung der olfaktorischen Wahrnehmung (Geruchssinn), Förderung der Sprechfähigkeit, Verbesserung des aktiven Wortschatzes, Schulung der Phantasie, Erleben von An- und Entspannung

Kinderzahl: 6–8
Alter: ab 5 Jahre
Dauer: ca. 45 Minuten

Material:
– viele kleine Sitzkissen, die mit unterschiedlichen Materialien gefüllt sind, z. B. Kastanien, Mais, Korn, Sand, Steine (je zwei mit gleichen Inhalt)
– für jedes Kind ein Hocker
– für jedes Kind ein Sitzball
– für jedes Kind eine Decke
– mehrere Matten (Teppichbodenstücke) aus unterschiedlichen Materialien

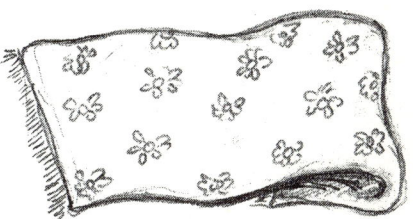

– ein Seidentuch
– kleine, getrocknete Blüten
– ein großes Abdecktuch
– eine kleine Lampe
– eine Duftlampe
– ein Sprechstein
– meditative Musik und Kassettenrecorder
– zwei Schüsseln mit warmen Wasser, Seife und für jedes Kind ein Handtuch
– eine Feder und eine Glocke
– verschiedene Massageöle (Duftkonzentrat mit Sonnenblumenöl vermischt)

Raum-
vorbereitung: Der Raum ist warm und verdunkelt. Die Hocker stehen in Kreisform, und vor jedem liegt eine Matte. In der Mitte liegt das Seidentuch, auf dem die Duftlampe und die getrockneten Blüten liegen. Der Kassettenrecorder und das restliche Material stehen griffbereit und werden mit einem Tuch abgedeckt. Auch der Sprechstein liegt auf dem Tuch. Er leitet das Gespräch zwischen den einzelnen Übungen.

Einstieg

Die Kinder sind leicht bekleidet und nehmen barfuß an diesem Angebot teil. Vor dem Raum stehen zwei Waschschüsseln mit warmen Wasser, Seife und Handtücher. Die Kinder sollen sich zu Beginn ihre Füße waschen.

Die Kinder sitzen auf dem Hocker. Sie setzen ihre Füße auf die Fußmatte und erspüren sie. Sie konzentrieren sich auf ihre Sitzhaltung: Ihr Rücken ist gerade, sie spüren ihre Sitzhöcker, sie spüren den Boden unter ihren Füßen. Sie schließen die Augen und nehmen diese Position, ihren Körper bewußt wahr. Sie erleben die Stille, die diesen Raum durchdringt. Ein Glockenton beendet diese Phase. In einem Gespräch können die Kinder von ihren Empfindungen berichten.

Partnerspiel *(alle folgenden Spiele können mit ruhiger Musik untermalt werden)*

Ein Kind stellt sich hinter ein anderes Kind, welches aufrecht auf dem Hocker sitzt. Nun massiert das stehende Kind das sitzende Kind vom Kopf über die Schultern bis hinunter zu den Füßen. So erlebt das sitzende Kind seinen Körper mit seinen unterschiedlichen Empfindlichkeiten. *(Partnerwechsel)*

Atemspiele

■ Die Kinder stehen in leicht gegrätschter Stellung auf den Fußmatten und nehmen sie in ihrer Beschaffenheit wahr. Sie schließen die Augen und bilden mit den Händen eine Schale. Ihr Oberkörper ist locker und leicht gewölbt, der Kopf hängt nach vorn. Beim Einatmen durch die Nase führen sie langsam ihre Hände nach oben.

Auch der Kopf wird langsam nach oben geführt. Die Fingerspitzen berühren sich über dem Kopf. Der Blick ist nach oben gerichtet, der Oberkörper steht aufrecht. Er hält sich in der Anspannung. Beim Ausatmen werden die Arme langsam wieder heruntergelassen, Kopf und Oberkörper beugen sich dabei leicht wieder nach vorn. Die Hände werden wieder zu einer Schale geformt.
(Diese Übung drei- bis viermal durchführen.)

■ Die Kinder sitzen auf dem Hocker. Sie spüren ihre Sitzhaltung und nehmen mit der Sitzfläche Kontakt auf. Die Füße haben festen Bodenkontakt. Nun stehen die Kinder mit leicht gebeugtem Oberkörper auf. Dabei atmen sie ein. Beim Hinsetzen atmen sie aus.
(Diese Übung drei- bis viermal durchführen.)

■ Die Kinder legen sich auf die Fußmatte. Ihre Beine liegen angewinkelt auf dem Hocker. Sie spüren sich mit dem Rücken in den Boden hinein und nehmen mit den Waden Kontakt zum Hocker auf. Die Beine bilden einen rechten Winkel. Beim Einatmen durch die Nase strecken sie die Beine in die Luft. Beim Ausatmen legen sie die Beine langsam wieder ab.
(Diese Übung drei- bis viermal durchführen.)

Variation: Das rechte und linke Bein werden beim Atmen abwechselnd angehoben und gesenkt.

In einem Gespräch können die Kinder ihre Erfahrungen austauschen.

■ Die Kinder führen nun die oben angeführten Übungen, soweit es möglich ist, mit dem Sitzball durch. Auch hier ist ein anschließender Erfahrungsaustausch wichtig.

Hinweis: Die Fußmatten sollten zwischendurch mal ausgetauscht werden, um eine andere Wahrnehmung zu erleben.

■ Je zwei Kinder holen sich die gleichen Sitzkissen. Sie stellen ihre Füße darauf und nehmen mit geschlossenen Augen diesen Untergrund wahr. Sie lassen eine feste Verbindung entstehen zwischen den Füßen und den Kissen. Sie bleiben eine kurze Zeit in dieser Stellung. Danach stellen sie sich auf den Boden und spüren, was geschieht. Veränderungen, die sie feststellen, können sie den anderen mitteilen. *(Diese Übung drei- bis viermal durchführen.)*

Variation: Übung im Sitzen durchführen.

Partnerspiele

- Zwei Kinder setzen sich zusammen. Sie haben je zwei Kissen mit dem gleichen Material. Ein Kind legt sich auf die Kissen. Es fühlt den Inhalt der Kissen mit unterschiedlichen Körperteilen. Das zweite Kind verändert mehrmals die Lage der Kissen (Kopf, Rükken, Gesäß, Knie, Fersen). Das liegende Kind schließt die Augen und nimmt die Kissen an den unterschiedlichen Körperteilen wahr.
- Ein Kind sitzt auf einem Hocker, ein anderes sitzt auf einem Sitzkissen davor. Das Kind auf dem Sitzkissen bekommt einige Tropfen Massageöl in die Hände. Es massiert in aller Ruhe die Füße des sitzenden Kindes. Bei dieser Massage werden die Fußsohlen besonders beachtet. Ruhige Musik untermalt diese Phase. *(Partnertausch)*

Variation: Die Kinder massieren sich gegenseitig die Hände.
Hinweis: Sollte ein Kind diese Verwöhnmassage nicht mögen, so kann es sich selbst die Füße oder Hände massieren.

Abschlußmeditation

Die Kinder liegen auf einer Decke. Der Kopf liegt in dem Kissen. Sie schließen ihre Augen. Ruhige Musik bringt sie zur Konzentration.

Leg dich bequem hin, spüre deinen ganzen Körper, deinen Kopf, deine Schultern, deinen Rücken, dein Gesäß, deine Oberschenkel, deine Waden, deine Fersen.
Leg alles bequem hin, damit du dich gut entspannen kannst.
Nimm deine Hände, halte sie vor deine Nase und atme den Duft mehrmals tief ein.
Nun lege deine Hände zurück auf die Decke.
Dein ganzer Körper liegt fest auf der Decke.
Du atmest gleichmäßig und tief ein und aus.
Dabei riechst du den angenehmen Duft.
Er trägt dich in Gedanken weit fort.
Laß dich dahin treiben, wo es dir am besten gefällt.
Atme dabei immer wieder ein und aus.
Bei jedem Atemzug wirst du ein wenig weiter getragen.
Du spürst deinen Körper.

Er ist entspannt und wird gehalten von der Decke.
Du fühlst, wie die Decke dich einhüllt.
Bleibe an dem Ort, an dem du jetzt in deiner Phantasie bist.
Schau dich um, genieß die Stille.
(Pause mit Musik)
Doch nun mußt du zurück.
Wenn du gleich eine leichte Berührung spürst *(Feder)*, dann weck langsam deine einzelnen Körperteile, reck und streck sie, bewege sie, gähne. Wälz dich leicht hin und her, und mach dich wieder ganz wach.
Wenn du wieder hier in diesem Raum bist, setz dich und erzähl uns, wo du warst und was du gespürt hast.
Die Kinder können ihre Erlebnisse und Empfindungen mitteilen.
Leise verlassen sie den Raum.

PHANTASIEREISEN

Phantasiereise: Im Garten der Düfte

Ziel: Sensibilisierung des Geruchssinns und der Geschmacksnerven, Förderung der Entspannung, Förderung der taktilen Wahrnehmung, Verbesserung des aktiven Wortschatzes, Förderung des Sozialkontakts

Kinderzahl: 6–8
Alter: ab 5 Jahre
Dauer: ca. 30 Minuten
Material: – für jedes Kind eine
  Decke und ein Kopfkissen
 – eine Kerze
 – eine kleine Lampe
 – meditative Musik und ein Kassettenrecorder
 – eine Feder
 – ein Apfel, Zitronenmelisse oder -öl, Rosenblätter oder -öl
 – ein Weidenkorb
 – ein Obstmesser
 – ein paar frische Grashalme
 – Streichhölzer
 – ein Abdecktuch
 – eine Feder
 – ein schöner Stein (Sprechstein)

*Raum-
vorbereitung:* Der Raum ist verdunkelt und erwärmt. Aus Decken wird ein Kreis gelegt. In der Mitte steht auf einem Seidentuch eine Kerze. Eine kleine Lampe erhellt den Raum. Meditative Musik begleitet diese Phantasiereise. Alle anderen Materialien stehen griffbereit und werden mit einem Tuch abgedeckt.

Hinweis: Nach allen Spielen können die Kinder mit Hilfe eines Sprechsteins ihre Empfindungen mitteilen.

Einstieg:

Die Denkmütze

Die Kinder sitzen auf ihren Decken. Der obere äußere Rand der Ohrmuschel wird zwischen Daumen und Zeigefinger gelegt. Mit diesen beiden Fingern werden die Ohrmuscheln von oben nach unten massiert und lang gezogen. Wenn eine gute Durchblutung spürbar ist, kann diese Ohrmassage beendet werden.

Spüre die Feder

Die Kinder sitzen im Schneidersitz auf der Decke, schließen ihre Augen, legen ihre Hände auf die Knie und setzen sich gerade hin. Sie lauschen meditativer Musik. Die Erzieherin berührt die Kinder mit einer Feder. Spüren sie diese Berührung, legen sie sich locker und entspannt auf die Decke.

Stirn kühlen

Die Kinder sitzen oder stehen und atmen ruhig und tief ein und aus. Sie stellen sich vor, in der Sonne zu sitzen. Sie atmen ruhig ein und aus. Es wird ihnen heiß, und sie müssen ihre Stirn kühlen. Dazu atmen sie durch die Nase tief ein. Die Unterlippe wird über die Oberlippe gelegt. Mit dem leicht geöffneten Mund atmen sie in Richtung Stirn aus und kühlen sie damit *(mehrmals wiederholen)*.

Die Kinder legen sich nun locker und entspannt auf die Decke und machen eine Reise in den Garten der Düfte.

Schließe deine Augen.
Atme langsam und ruhig ein und aus.
Dein Körper liegt locker und entspannt.
Leg dich so hin, daß es dir ganz gut geht.
Nichts darf dich stören.
Wenn du bequem liegst, machen wir gemeinsam eine kleine Reise.
Komm mit mir in einen großen Garten.
Um dich herum stehen wunderschöne Bäume, Büsche und bunte Blumen.

Dich umgeben wunderschöne Düfte.
Diese atmest du langsam und tief ein.
Du riechst Apfelduft.
Du schaust dich um und siehst gleich hinter dir einen großen Apfelbaum.
Unzählige große, rote, reife Äpfel hängen an ihm.
Du pflückst einen Apfel, riechst seinen herrlichen Duft, und du bekommst große Lust hineinzubeißen.
Doch du steckst ihn in die Tasche.
Schon lockt dich ein neuer Duft.
Es duftet nach Rosen.
Als du hinunter zur Erde schaust, siehst du, daß du mitten in einem Rosenbeet stehst.
Du bückst dich und riechst an den Rosen.
Dieser herrliche Duft dringt tief in dich hinein.
Du sammelst ein paar Rosenblätter auf, steckst sie in die Tasche und gehst weiter.
Schon umschlingt dich ein neuer Duft: Zitrone.
Der Geruch kommt auch vom Boden.
Du schaust genau hin und siehst kleine grüne Büsche.
Du bückst dich, pflückst ein Blatt und riechst daran.
Es riecht nach herrlich frischer Zitrone.
Ein paar Blätter nimmst du mit.
Du atmest noch einmal tief ein, um alle Düfte mitzunehmen.
(Pause mit Musik)
Doch nun ist deine Reise beendet.
Du mußt wieder zurück in deine Welt.
Beweg' langsam deine Hände, deine Arme, deine Beine, deine Füße, deinen ganzen Körper, reck und streck dich, gähne ganz laut und öffne deine Augen.
Du bist wieder in deiner Welt.

In einem Gespräch können die Kinder von der Reise berichten.

Abschlußvorschlag

Der Weidenkorb wird in die Kreismitte gestellt. Die Kinder finden darin alle Dinge, die ihnen in der Phantasie den Duft geschenkt haben. Diese Dinge können sie befühlen und daran riechen. Abschließend wird der Apfel gemeinsam verzehrt.

Meditation in freier Natur: Der starke Baum

Ziel: Förderung der vestibulären und der taktilen Wahrnehmung, Förderung des Geruchssinns, Förderung der Entspannung und der Phantasie, Verbesserung des aktiven Wortschatzes

Kinderzahl: 6–8
Alter: ab 5 Jahre
Dauer: ca. 40 Minuten
Material: – ein Weidenkorb
– für jedes Kind eine Sitzmatte
– ein Sprechstein
(der die Gesprächsführung übernimmt)

Ablauf: An einem sonnigen Tag machen die Kinder mit der Erzieherin einen Spaziergang. Sie suchen gemeinsam einen Baum, unter dem sie sich ausruhen und ein wenig träumen können. Ein Park, eine Baumallee oder ein anderer ruhiger Ort sollte gewählt werden, damit die Kinder ungestört diesen Baum erfahren können. Unterwegs werden alle Bäume bewußt wahrgenommen. Dazu befühlen die Kinder die Rinde, die Blätter, vergleichen, sammeln und berichten darüber. Alle Naturmaterialien, die von den Bäumen stammen, werden in einem Korb gesammelt.

Hinweis: Für jedes Kind sollte eine Sitzmatte mitgenommen werden.

Wenn ein geeigneter Baum gefunden wurde, können die Kinder ihn erst einmal befühlen, betrachten, mit ihm sprechen und so mit ihm Kontakt aufnehmen. Gemeinsam messen sie den Baumumfang, betrachten die Rinde, die Blätter, vergleichen diese mit den gesammelten Materialien und setzen sich dann mit ihrer Matte darunter.

Baumbegrüßungsspiel

Jedes Kind stellt sich vor den Baum und begrüßt ihn. (Z. B. einen Zweig greifen, ihn schütteln und sagen: „Guten Tag, lieber Baum, ich heiße Ute. Dein dicker Stamm gefällt mir gut", oder: „Guten Tag, lieber Baum, ich heiße Bernd. Deine Blätter riechen so gut.") Danach stellt jedes Kind einen Baum dar. Es verankert sich fest mit dem Boden, die Arme werden über dem Kopf zusammengelegt, die Augen sind geschlossen, und jedes hört still in sich hinein. Dabei wird ruhig und tief ein- und ausgeatmet. *(Verbinde dich mit dem weichen Boden. Spüre, wie die Wurzeln dich halten.)*

Nach dieser kurzen Meditation werden die Kinder mit einem Blatt sanft von der Erzieherin geweckt. Sie lösen sich aus der Anspannung, lockern ihre einzelnen Körperteile und setzen sich auf die Matte.

Jedes Kind kann den anderen Kindern über den Sprechstein mitteilen, wie es sich bei diesem Spiel gefühlt hat.

Die Erzieherin erzählt den Kindern eine Meditationsgeschichte. Die Kinder setzen sich bequem hin, schließen die Augen, lauschen in die Stille hinein:

Stell dir vor, du bist in einem großen Park.
Mitten auf einer großen Rasenfläche steht ein dicker, starker Baum.
Er steht ganz allein im grünen Gras.
Über ihm strahlt groß und hell die Sonne.
Es ist still, und du betrachtest diesen schönen Baum.
Auf einmal hörst du eine freundliche Stimme. Sie ruft dir zu:
„Komm näher zu mir, ich möchte mit dir reden."
Die Stimme kommt aus dem dicken Baum.
Langsam gehst du auf ihn zu.
Wieder hörst du die freundliche Stimme.
Sie sagt: „Komm noch näher!"
Jetzt stehst du ganz dicht vor dem Baum.

Du schaust hoch.
Groß und mächtig ragt er in den Himmel.
Seine Äste und Zweige breiten sich wie ein Dach über dir aus.
Sie geben dir Schutz.
„Streichele mich ein wenig", fordert dich der Baum auf.
Langsam berührst du seinen dicken Stamm.
Die Rinde ist rauh und an vielen Stellen aufgeplatzt.
Du riechst an ihr und atmest ihren Duft ein und aus.
Du umarmst den Baum, denn du hast ihn gern.
„Das tut gut", flüstert der Baum mit sanfter Stimme.
Du setzt dich vor den großen Baum und betrachtest sein grünes
Blätterkleid.
Es leuchtet und strahlt in der hellen Sonne.
Du sitzt still da und bewunderst diesen mächtigen Baum.
Da fällt ein kleines Blatt in deine Hand.
„Es ist ein Geschenk von mir. Nimm es mit nach Hause",
sagt der freundliche Baum.
Langsam stehst du auf und gehst zurück.
Du schaust dich noch einmal um, und der Baum verschwindet
in der Ferne.
Zur Erinnerung an ihn hast du noch das Blatt.

Eine Pause, in der die Erzieherin den Kindern ein Blatt in den Schoß legt.

Bewege deine Finger, deine Arme, deine Füße, deine Beine, deinen
Kopf und öffne deine Augen. Du sitzt nun wieder unter deinem
Baum.

Die Kinder betrachten und befühlen das Blatt. Sie können den anderen Kindern ihre Erlebnisse während der Phantasiereise mitteilen.

Abschluß
Die Kinder machen dem Baum ein Geschenk und legen mit den gesammelten Naturmaterialien ein Mandala.

KÖRPERERFAHRUNGSSPIELE

Körperkontakt und Körpererfahrung:
Der weiche, gelbe Sand

Ziel: Förderung der Grob- und Feinmotorik, Sensibilisierung der Sinne, Förderung der taktilen Wahrnehmung, Förderung der Kontaktbereitschaft, Aufbau von Selbstsicherheit

Kinderzahl: 8

Anlter: 5–6 Jahre

Dauer: ca. 45 Minuten

Ort: Der geeignete Ort für dieses Angebot ist ein Sandhügel auf dem Spielplatz.

Material: – Wasser
– Gießkannen
– Siebe
– Schippen
– Förmchen
– Wasserschlauch
– Handtücher

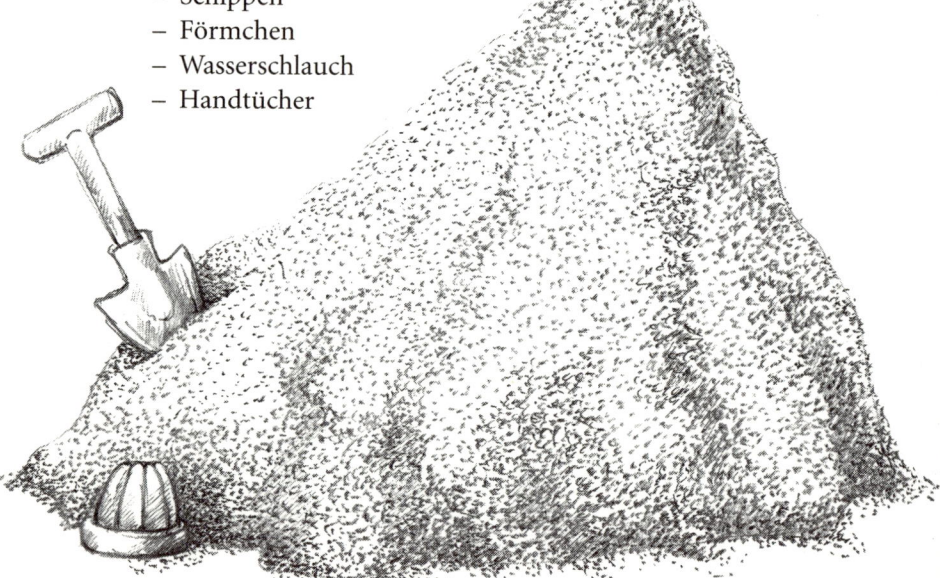

Einstieg:

Sich sammeln

Mit Badezeug bekleidet, gehen die Kinder auf den Spielplatz. Dort stellen sich mit dem Gesicht zur Sonne, strecken ihr die Arme entgegen, schließen die Augen, atmen tief ein und aus und nehmen die Wärme der Sonne in sich auf.

Loslassen

Die Kinder befreien sich durch Schütteln, Trampeln oder Stampfen von den Belastungen des Tages, drehen sich erneut zur Sonne, strecken ihr die Arme entgegen, atmen tief ein und aus und füllen sich noch einmal mit der Wärme der Sonne.

Begrüßen

Die Kinder gehen aufeinander zu, geben sich die Hand und begrüßen sich.

Sanderfahrung

Die Kinder gehen in den noch trockenen Sand. Dort können sie in einer langen Experimentierphase den Sand erfühlen, riechen, ihn spüren. Diese Spiele können zu zweit oder allein durchgeführt werden. Das Sandspielzeug stehen ihnen zur Verfügung. So erleben sie trockenen, fein rieselnden Sand.

Partnerspiel

Die Kinder legen sich zu zweit in den Sand. Sie können sich gegenseitig mit trockenem Sand streicheln oder massieren. Danach wird der Sand mit Wasser naß gemacht, und die Kinder können sich erneut damit einreiben oder massieren. Dabei können sie ihre Empfindungen dem anderen mitteilen.

Gruppenspiel

Mehrere Kinder vergraben ein Kind in nassem oder trockenem Sand. Dieses Gruppenspiel kann auf Wunsch mehrmals gemacht werden.

Erfahrungsaustausch

Die Kinder setzen sich kreisförmig in den Sand und können ihre Erfahrungen, Empfindungen und Erlebnisse den anderen mitteilen.

Phantasiereise „Ein Bett aus Sand"

Die Kinder legen sich in den Sand, schließen die Augen, lauschen in die sie umgebende Natur und bereiten sich so auf die „Reise" vor.

Du liegst in einem weichen Bett aus Sand.
Viele, unzählige Körner umschließen sanft deinen Körper.
Ganz dicht liegen sie auf deiner Haut, sie halten dich warm.
Du liegst ruhig im Sand, atmest tief ein und aus und fühlst dich wohl.
Nun drückst du deinen Körper mit aller Kraft in den Sand.
Die vielen Körner halten dich, sie schützen dich, sie hüllen dich ein.
Jedes Sandkorn trägt dich, so daß du dich ganz sicher fühlst.
Du liegst still, atmest tief ein und aus.
Die Sonne scheint auf deine sandige Haut.
Sie macht dich und den Sand warm.
Du träumst von einem langen Sandstrand.
Dort liegst du, bist ganz still und hörst das Meer.
Es plätschert leise vor sich hin.
Du hörst die Vögel, die an dem Strand hin- und herfliegen.
Jetzt nimmst du den Duft des Meeres wahr.
Du atmest ihn tief ein und aus.
Du fühlst dich wohl.
(Pause mit meditativer Musik)
Nun willst du in dem weichen Sand spielen.
Du bewegst deine Füße und deine Hände und wiegst langsam deinen Körper hin und her.
Du spürst, wie der Sand nachgibt.
Er läßt dich los, er gibt dich frei.
Du öffnest nun deine Augen und liegst im warmen, gelben Sand.

Abschluß

Die Kinder können noch buddeln, bauen, wühlen usw. Zum Schluß werden sie mit einem Wasserschlauch abgespritzt.

Körpererfahrung: Der Ameisenhügel

Ziel: Förderung des Sozialkontakts, Förderung der taktilen Wahrnehmung, Verbesserung der Körperwahrnehmung, Verbesserung der Motorik, Förderung der vestibulären Wahrnehmung

Kinderzahl:	8
Alter:	5–6 Jahre
Dauer:	ca. 45 Minuten
Material:	– feuerfester Topf
	– Papierblätter
	– Streichhölzer
	– Bewegungsmusik
	– eine Feder
	– Tücher
	– Stöcke, Äste
	– eine Duftlampe
	– ein Seidentuch
	– für jedes Kind eine Decke
	– getrocknete Blüten oder bunte Steine
	– meditative Musik und Kassettenrecorder
	– eine Glocke
	– viele Wollfäden
	– ein Reifen
Vorbereitungen:	Der Raum wird verdunkelt und erwärmt. Mit einem Seidentuch, einer Duftlampe, Steinen oder Blüten wird eine meditative Mitte geschaffen. Decken werden in Kreisform um diese Mitte gelegt, die meditative Musik bereitgestellt.

Einstieg:

Loslassen

Die Kinder sitzen mit leichtem Turnzeug bekleidet auf ihren Decken. Sie erhalten jeweils ein Blatt Papier. Mit dem Zauberstift (dem eigenen Finger) können sie in Zauberschrift alles auf den Zettel schreiben, was sie im Augenblick negativ beeinflußt. Anschließend werden die Zettel in den Topf gelegt und verbrannt.

Die Kinder schreiben ihre Wünsche für den heutigen Tag auf einen Zettel. Diese Zettel werden angezündet und so auf die Reise geschickt.

Begrüßung

Ein Kind steht auf, geht zu einem anderen Kind, sagt ihm etwas Nettes und streicht ihm dabei sanft durch das Haar. Dieses Kind begrüßt nun ein anderes ebenso usw. Anschließend geben sich alle die Hand und sagen sich gemeinsam „Guten Morgen".

Sich sammeln, sich lockern

Die Kinder lauschen einer leisen Musik. Fühlen sie sich frei und wollen danach tanzen, stehen sie auf und bewegen sich nach der Musik durch den Raum. Die Erzieherin tanzt mit, um den Kindern die Hemmungen zu nehmen.

Jedes Kind sucht einen Tanzpartner und tanzt gemeinsam mit ihm.

Jeweils ein Paar sucht sich ein anderes Paar und macht mit ihm einen Tanz zu viert.

Nun schließen sich die zwei Vierergruppen zusammen und machen einen Gruppentanz.

Atemspiele

- Die Kinder liegen auf ihren Decken und atmen tief und gleichmäßig ein und aus. Bei einem Glockenton halten sie den Atem an. Ertönt der Glockenton erneut, atmen sie weiter (*mehrmaliges Wiederholen*).
- Die Kinder atmen dreimal schnell und kurz ein und aus, danach dreimal langsam und lang.
- Nach mehrmaligem Wiederholen wieder ruhig weiteratmen.

Versgeschichte „Die fleißige Ameise" *(Rätsel)*
Die Kinder sitzen auf der Decke und hören folgenden Text:

Ich bin den Menschen hier im Land
als fleißig und sehr flink bekannt.
Ich bin zwar klein und nicht sehr schön,
doch dafür kann ich ganz schnell geh'n.
Ich habe Kräfte wie ein Bär,
das Schleppen fällt mir gar nicht schwer.
Wühlen im Dreck macht Spaß nur zu zwei'n,
wir sind daher nie gerne allein.
Dann holen wir so manches 'ran
und helfen, wo man helfen kann.
Süße Sachen, die mögen wir gern,
wir riechen Marmelade schon aus der Fern.
Doch die Menschen, sie treiben uns aus dem Haus,
sie kennen sich leider im Tierreich nicht aus.
Könnten sie unser Leben versteh'n,
dann würden sie uns nicht so leicht überseh'n.
Schaut gut hin und gebt einmal acht,
wenn ihr im Wald einen Spaziergang macht.
Da könnt ihr uns dann laufen sehn,
schaut uns mal zu und bleibt ruhig stehen.

Kontaktspiel „Fleißige Ameisen"
Die Kinder bauen einen „Ameisenhügel". Dazu legen sich die Kinder, die von der Erzieherin berührt werden, dicht aneinander oder übereinander. Wichtig ist, daß jedes Kind Körperkontakt mit einem anderen Kind aufnimmt. Jedoch müssen sie sich so hinlegen, daß keines dem anderen weh tut. *(Ruhige Musik)*

Bewegungsgeschichte

Die Erzieherin legt einen Reifen in den Raum und verteilt Wollfäden. Die Kinder werden gebeten, der folgenden Geschichte zuzuhören und die genannten Bewegungen nachzumachen:

In einem Wald zwischen vielen Tannen liegt ein großer Ameisenhügel. Viele hundert Ameisen liegen ganz ruhig und dicht nebeneinander oder übereinander und genießen die Stille des frühen Morgens. Die Sonne schickt ihre Strahlen in den Wald. Die Ameisen werden von der Wärme geweckt. Sie recken und strecken sich und lösen sich voneinander. Ganz langsam versucht jede Ameise, aus der Enge des Hügels herauszukommen. Sie zappeln und krabbeln und lösen so den Ameisenhaufen auf. Jede Ameise krabbelt nun ihren eigenen Weg, sammelt Tannennadeln, Blätter und kleine Äste und trägt sie zusammen. Alle sind fleißig, keine gönnt sich Ruhe. Erst, wenn die Sonne hoch am Himmel steht, machen sie eine kurze Mittagspause.

Zu zweit, zu dritt oder zu viert kriechen sie ganz eng zusammen, liegen nebeneinander, übereinander oder untereinander. Sie berühren sich ganz sanft, und jeder spürt den Atem des anderen.

So bleiben sie liegen und träumen. Ein leichter Wind kommt auf und weckt die Ameisen aus ihrem Mittagsschlaf. Sie recken und strecken sich, und machen sich erneut an die Arbeit.

Bis in den späten Abend hinein schleppen sie Nadeln, Hölzer und andere Waldschätze herbei. Als die Sonne untergeht, verspüren die Ameisen eine große Müdigkeit. Sie krabbeln wieder zum Ameisenhügel und legen sich dicht nebeneinander oder übereinander. Ihre kleinen Körper wärmen sich gegenseitig, und im Nu sind alle eingeschlafen. Ganz ruhig liegt der Ameisenhaufen im Mondschein, und eine angenehme Stille durchzieht den Wald.

Angebote zur Lockerung

Die Kinder, die von der Erzieherin mit der Feder berührt werden, lösen sich aus dem Ameisenberg und können durch Recken, Strecken, Hüpfen, Springen, Laufen, Gehen usw. ihren Körper lockern.

Fühlen sie sich wohl, setzen sie sich in einen Kreis und können über dieses Ameisenspiel und die gemachten Erfahrungen berichten.

Gespräch: Was vermitteln uns der Vers und die Geschichte?

Mögliche Inhalte: Alle Tiere wollen beachtet werden. Auch die kleinsten Tiere sind von Gott erschaffen und haben ihre Aufgabe auf dieser Erde. Die Größe eines Tieres sagt nichts über seine Kraft und Energie aus. Auch kleine Menschen können viel, wenn sie es nur wollen.

Abschluß „Das Zudeckspiel"

Ein Kind liegt auf einer Decke. Die anderen Kinder legen ihre Hände nebeneinander leicht auf ein Körperteil (Kopf, Schultern, Rücken, Oberschenkel, Beine, Waden, Füße) des liegenden Kindes. So decken sie das liegende Kind für einige Minuten zu. Welche Position das liegende Kind einnimmt (Rücken oder Bauch), kann es selbst entscheiden.

Hinweis: Die Erzieherin kann zwei Gruppen bilden, so daß jedes Kind länger zugedeckt werden kann. Kinder, die nicht zugedeckt werden wollen, nehmen die Rolle des Zudeckers ein. Durch die angenehme Berührung erfahren die Kinder Wärme und ein Gefühl der Geborgenheit.

Körperkontakt und Körpererfahrung: Die Schmetterlingsinsel

Ziele: Förderung des Sozialkontakts, Förderung der Körperwahrnehmung, Förderung der Raumerfahrung, Verbesserung der Motorik

Kinderzahl:	6–8
Alter:	5–6 Jahre
Dauer:	ca. 40 Minuten
Material:	– kleine Schmetterlingsbroschen (Schmetterlingsnudeln werden mit Plakafarbe bemalt und mit Klarlack angesprüht, als Verschluß wird eine Sicherheitsnadel mit Heißkleber befestigt.)

153

- eine schöne Dose oder ein besonderer Holzkasten zur Aufbewahrung der Schmetterlinge
- Musik (Panflöte)
- bunte Federn
- Malstifte, Papier, Scheren und harte Malunterlagen
- für jedes Kind ein Sitzkissen
- ein Seidentuch, eine Kerze, getrocknete Blüten, Steine
- Streichhölzer
- Kassettenrecorder, meditative Musik

Raum-
vorbereitung: Der Raum wird verdunkelt und erwärmt. Mit einem bunten Tuch, einer Kerze, getrockneten Blüten oder bunten Steinen wird eine Mitte geschaffen. Die Dose mit den Schmetterlingsbroschen wird dazugestellt. Die Sitzkissen werden darum in Kreisform angeordnet.

Einstieg:

Die Kinder ziehen ihre leichte Gymnastikbekleidung an, setzen sich auf die Sitzmatte und fassen sich an. Jedes Kind summt eine eigene Melodie. Dabei können sie die Augen schließen und dieses Summen in sich aufnehmen. Jedes Kind kann aufhören, wann es will. Erst wenn absolute Stille eingekehrt ist, ist dieses Spiel beendet.

Begrüßungsspiel

Ein Kind nimmt sich aus der Dose eine Schmetterlingsbrosche, geht damit zu einem anderen Kind, sagt ihm etwas Nettes und schenkt ihm die Brosche. Dieses Spiel wird so lange fortgesetzt, bis alle Kinder eine Brosche haben.

Loslassen

Die Kinder stehen auf, bewegen sich frei im Raum und streifen, schütteln, hüpfen, trampeln alles von sich, was sie bedrückt. Fühlen sie sich locker und frei, setzen sie sich wieder auf die Matte.

Sich sammeln *(leise Panflötenbegleitung)*

Die Kinder betrachten ihren Schmetterling, und wer möchte, kann im Raum herum „fliegen" wie ein Schmetterling. Wird die Musik ausgestellt, „fliegen" alle wieder auf ihren Platz.

Atem- und Lautspiele

- Die Kinder spielen den Wind, der den Schmetterling durch die Luft tragen muß. Sie atmen tief durch die Nase ein und durch den gespitzten Mund wieder aus. Dies wird mehrmals wiederholt.
- Sie atmen tief ein und durch den weit geöffneten Mund wieder aus. *(Ihr spürt selbst, wann der Wind stärker ist.)*
- Jedes Kind legt sich eine Feder auf die Hand. *(Laßt den Schmetterling fliegen)* Zunächst wird durch die Nase ein- und ausgeatmet, danach durch die Nase ein und den Mund aus. So erleben sie, wie sie durch ihre Atmung die Feder fliegen lassen können. Die Kinder legen die Lippen leicht aufeinander und versuchen, beim Ausatmen ihre Feder fortzublasen. Abschließend kann jedes Kind seine Feder durch starkes Pusten tanzen oder kriechen lassen.

Kontaktspiele *(Panflötenmusik untermalt diese Phase)*

- Die Kinder streicheln paarweise ihre unbekleideten Körperstellen mit der Feder. Wer möchte, kann Oberkörper oder Beine frei machen.
- Ein Kind legt sich hin und wird von allen Kindern mit den Federn gestreichelt. *(Viele Schmetterlinge krabbeln über deinen Körper.)* Dies wird mehrfach wiederholt.

Die Schmetterlingsinsel *(Panflötenmusik)*

Die Kinder setzen sich im Schneidersitz auf ihre Matte und betrachten eine Zeitlang ihre Brosche. Sie legen die Brosche zur Seite, schließen die Augen und atmen ruhig und gleichmäßig ein und aus.

Weit draußen im blauen Meer liegt eine Insel.
Du setzt dich in ein kleines Segelboot und fährst, getrieben vom Wind, auf die Insel zu.
Ein warmer Wind weht durch dein Haar und eine große Stille begleitet dich.
Dein Blick geht zum Himmel.
Die helle, warme Sonne ist über dir.
Ihre Strahlen wärmen deinen Kopf, deinen Bauch, deine Füße, deine Hände.
Du fühlst dich wohl, dir geht es gut.
Dein Blick geht nach unten.
Du schaust in das klare, blaue Wasser.
Viele bunte Fische begleiten das Segelboot.
Du schaust nach vorn.
Die Insel kommt näher, und langsam gleitet das Boot in den Sand.
Du steigst aus. Warmer, weißer Sand rieselt durch deine Zehen.
Dein Blick wird gefesselt von einer bunten Blumenwiese.
Der zauberhafte Duft fängt dich ein.
Du atmest diesen Blumenduft tief ein und aus.
Jetzt betrittst du die Wiese und bist überwältigt.
Viele bunte Schmetterlinge fliegen lautlos umher.
Rote, gelbe, weiße, bunte Schmetterlinge tanzen im warmen Wind.
Sie setzen sich auf die Blumen, ihre zarten Flügel leuchten in der Sonne.
Sie sitzen da und schaukeln hin und her und hin und her.
Regungslos stehst da und schaust ihnen zu.
Du schwingst mit ihnen. Ihre Bewegungen sind leicht und lautlos.
Du bist ganz, ganz still, um die vielen Schmetterlinge nicht zu stören.
Auf einmal kommt ein Schmetterling auf dich zu.
Mit leichten Flügelschlägen kommt er immer näher und setzt sich in deine Hand.

(Die Erzieherin legt jedem Kind seinen Schmetterling in die Hand.)
Du betrachtest ihn, er ist wunderschön.
Ganz still sitzt er in deiner Hand und schaut dich an.
Du willst den Schmetterling mitnehmen.
Langsam stehst du auf, gehst zurück in dein Boot und segelst mit dem Wind nach Hause.
Dein neuer Freund, der Schmetterling, kommt mit.
(Pause mit Musik)
Nun bist du wieder zu Hause.
Du sitzt auf deiner Decke.
Langsam öffnest du deine Augen, reckst und streckst dich, gähnst und betrachtest deinen Schmetterling.

Die Kinder können mit Hilfe des Sprechsteins ihre Empfindungen, die sie während der Reise hatten, mitteilen.

Abschlußvorschläge:

Lockerungsangebot „Tanz der bunten Schmetterlinge"
(Panflötenmusik untermalt diesen Tanz)

Die Kinder können sich selbst aus der stillen Meditation lösen und sich mit ihrem Schmetterling frei nach der Musik bewegen. Wird die Musik ausgeblendet, „fliegen" sie zu ihrem Platz zurück.

Gestaltungsangebot „Die Schmetterlingswiese"
(Panflötenmusik untermalt diesen Tanz)

Die Kinder malen eine Blume, schneiden sie aus, gestalten damit um die Kerze herum eine Wiese, auf die sie ihren Schmetterling setzen.

4.4 Kreative Angebote

Da ich die freie Kreativität vorziehe, möchte ich keine speziellen Kreativitätsanregungen geben. Lassen Sie die Kinder selbst tätig sein, und Sie werden sehen, wie vielseitig Phantasie und Kreativität sein können. Wenn die Materialauswahl stimmt, so braucht das Kind nur hin und wieder Anregung von der Erzieherin. Kreativität beschränkt sich nicht auf das Ausschneiden von Fensterbildern oder ähnlichem, sondern umfaßt viel, viel mehr. Gegen das Ausschneiden vorgefertigter Dinge ist nichts einzuwenden, denn auch das schult u. a. die visuelle und taktile Wahrnehmung oder die Feinmotorik. Allerdings sollte dies nur hin und wieder geschehen.

Modellieren mit Ton

Ton ist eine Modelliermasse, die ein sehr geeignetes Material zur taktilen Wahrnehmungsförderung ist. Er ist ungiftig, geruchsfrei und kann in seiner Beschaffenheit von hart bis flüssig verändert werden. Hart gewordener Ton kann mit einem Hammer zerkleinert und mit Wasser wieder modellierfähig gemacht werden. Die mit Händen, Fingern, Füßen und anderen Hilfsmitteln wie Knoblauchpresse, Messer, Rolle, geformten Gegenstände müssen nicht gebrannt werden. Sie können nach einer gewissen Zeit zerkleinert und wieder zu einem neuen Kunstwerk umgestaltet werden.

Salzteig

2 Tassen Salz, 2 Tassen Mehl, 1 Tasse Wasser und eventuell etwas Tapetenkleister werden gut vermengt. Gegebenenfalls kann Lebensmittelfarbe hinzugefügt werden.

Kleistermasse

Tapetenkleister wird nach Vorschrift angerührt. Sägespäne oder kleingerissenes Zeitungspapier werden untergemengt. So entsteht eine formbare Masse.

Schminke

3 El Maisstärke, 1 Tl Wasser, 2 El Hautcreme und etwas Lebensmittelfarbe werden gemischt, in Dosen abgefüllt und können so über mehrere Tage aufbewahrt werden.

Seife

3 Tassen Seifenflocken, 3 El Babyöl, 3 Tropfen Duftessenz und ganz wenig Lebensmittelfarbe werden zu einer zähen Masse verarbeitet. Mit Hilfe kleiner Ausstechformen wird die ausgerollte Masse ausgestochen. Nach dem Trocknen ist die Seife nutzbar.

Fingerfarbe aus Kleister

Den Kleister nach Vorschrift zu einer dicklichen Masse anrühren und mit wasserlöslicher Farbe färben. Diese Kleisterfarbe kann mit Pinseln, Fingern, Füßen, mit einem Kamm, mit Korken, Kugeln usw. verarbeitet werden.

Mehlfarbe

1 Tasse Mehl, 1 Tasse Wasser, einige Tropfen Zitrone, Lebensmittel- oder Wasserfarbe werden so lange vermengt, bis eine glatte malfähige Masse entstanden ist.

Knete

1 Tasse Wasser, 1 El Öl und 2 Tl Lebensmittelfarbe werden kurz aufgekocht und dann mit einer Tasse Mehl, ¼ Tasse Salz und 2 El Kalialaun (erhältlich in der Apotheke) vermischt. Dies in eine Pfanne geben und bei angeschaltetem Herd so lange umrühren, bis der Teig sich vom Rand löst (ca. 3–5 Min.). Nun wird diese Masse auf einem Brett mit Mehl durchgeknetet, in Frischhaltedosen gepackt und kann dort so verschlossen bis zu einem Jahr nach der Benutzung aufbewahrt werden.

Literatur

Ackermann, Liselotte / Müller, Bernhard / Urfer, Renate: Sinn-Salabim. Tasten – Hören – Sehen, Mühlheim 1993

Ayres, A. Jean: Bausteine der kindlichen Entwicklung. Die Bedeutung der Integration der Sinne für die Entwicklung des Kindes, Heidelberg 1979

Bielefeldt, Elfriede: Tasten und Spüren. Wie wir bei taktil-kinästhetischen Störung helfen können, 3. überarb. und erw. Aufl., München 1996

Biermann, Ingrid/Horn, Reinhard: Und alle machen mit. Praktische Bausteine für den Kindergarten. Meditationen, Spiele, Geschichten, Lieder für den Kindergarten, Lippstadt 1997

Biermann, Ingrid: Ich lebe, denn ich spüre, fühle... 16 praxiserprobte Angebote zur Förderung der Wahrnehmungsfähigkeit in Kindergarten und Grundschule, Aachen o. D.

Biermann, Ingrid: In der Stille spür' ich mich – in der Stille find' ich mich. Eutonien für Kinder im Grund- und Vorschulalter, Aachen o. D.

Biermann, Ingrid: Miteinander umgehen lernen. Geschichten, Lieder und Spiele für Kindergruppen, München 1998

Durchholz, Dorothea / Müller-Schwarz, Michael: Hoppla. Entwicklungsfördernde Bewegungsangebote unter psychomotorischen Gesichtspunkten, Frankfurt 1997

Falkenberg, Gabriela: Gefühl bis in die Fingerspitzen, Offenbach 1993

Friebel, Volker: Wie Stille zum Erlebnis wird. Sinnes- und Entspannungsübungen im Kindergarten, Freiburg 1995

Fröhlich, A. D. (Hrsg.): Wahrnehmungsstörungen und Wahrnehmungsförderung, Heidelberg, 7. Auflage 1992

Krawietz, Annette / Krawietz, Christiane / Rohr, Marianne: Bewegung kunterbunt. Spiel und Sport für behinderte und nichtbehinderte Kinder, Frankfurt 1997

Meier, Christine / Richle, Judith: Sinn-voll und alltäglich. Materialsammlung für Kinder mit Wahrnehmungsstörungen, Dortmund 1994

Vester, Frederic: Denken, Lernen, Vergessen. Was geht in unserem Kopf vor, wie lernt das Gehirn, und wann läßt es uns im Stich?, Stuttgart, 18. Auflage 1975

Wagner, Elisabeth: Sehen – hören – spüren. Sinnesspiele für Kinder von 3 bis 8, München 1997

Zimmer, Renate / Clausmeyer, Ingrid / Voges, Ludwig: Tanz – Bewegung – Musik. Situationen ganzheitlicher Erziehung im Kindergarten, Freiburg 1991

Zimmer, Renate: Handbuch der Sinneswahrnehmung. Grundlagen einer ganzheitlichen Erziehung, Freiburg 1995

Zimmer, Renate: Kreative Bewegungsspiele. Psychomotorische Förderung im Kindergarten, Freiburg 1996

Zimmer, Renate: Sport und Spiel im Kindergarten, Aachen 1998

Empfehlungen für MC/CD

Arnd Stein: Harmonie

Großer Gesang des Flusses / Die Kraft der Steine, Verlag für Therapeutische Medien, Iserlohn

Garten des Windes / Die Kraft der Steine, Time Life

Feuerduft / Die Kraft der Steine, Time Life

Mysterium of Sounds & Silence, Meistersinger Musikproduktion, Forchheim

Natural Classics: Melodien zum Träumen

Rondo Veneziano: ruhige Musikstücke nach freier Wahl

Lawrence Carls und Volker Zöbelin: Sandalin, Edition Neptun